# 基于主体的经济系统网络化建模研究

## ——以商品房市场为例

陈慧慧　著

中国财经出版传媒集团
中国财政经济出版社

化建模方法，自下而上地对商品房市场进行系统性的分析和建模。针对中国商品房市场的特点，设计了一个基于主体的商品房市场模拟概念模型，并采用高级计算机语言 VC ++ 进行开发实现。模型包含居民消费者主体、房地产商、政府主体和银行信贷主体共四类主体，并包含土地市场、商品房市场、信贷市场三个子市场。系统从微观层面模拟了政府、房地产开发商、居民和银行等多个主体和组织之间的互动，以及各种宏观层面的市场信息对各类主体的反馈作用。研究表明，利用基于主体建模的商品房市场模型，可得出与传统的 Alonso 模型类似的商品房价格梯度分布结构，从侧面证明了基于主体建模的计算经济学方法与传统的研究方法存在内在的一致性，二者可以相互补充。对商品房市场的模拟结果表明，收入分配对商品房市场具有重大的影响，对房地产行业的调控政策的执行效果也会产生一定的影响。限购政策、房产税政策和房产交易税政策在一定程度上都能降低商品房价格，但是，就商品房价格的控制效果而言，房产税政策优于限购政策，而限购政策又优于房产交易税政策。总而言之，本研究认为，基于主体的网络化建模研究方法具有一定的可行性，对政策设计和政策研究均具有一定的辅助作用，可以在未来进行深入广泛的扩展研究。

本书在建模方法、主体学习算法、政策模拟和政策模拟平台研究等方面具有一定的创新。第一，在建模的过程中，将基于主体建模技术（ABM）与网络科学理论结合在一起，提出了基于主体的网络化建模方法（Agent - based and Network modeling，ABNM）。ABNM 方法将网络科学理论与基于主体建模结合到一起，既发挥了基于主体建模方法的优势，又能够利用网络科学理论，对经济系统内部网络结构的作用进行分析和研究。ABNM 方法使得我们可以研究经济和社会网络中的局部互动行为，以及主体在社会网络中的学习、危机传播等，拓展了原有的 ABM 建模方法的研究范围。第二，研究中对主体的学习算法进行拓展，将个体的预期和微观网络结构加入个体的学习算法中，模拟个体的学习过程。第三，研究中对政策模拟平台进行了相关探索性的研究。研究将建立的计算机模型作为一个政策模拟平台，根据实际政策决策需要，设计不同的政策试验并在模型中模拟执行。通过观察不同条件下的政策试验的模拟结果，可以更加详细和具体地了解市场的运行规律，为政策的制定和实施提供较为具体的决策支持。第四，研究中自主开发建立了一个商品房市场政策模拟平台。本书采用基于主体建模的研究方法结合网络化建模方法，针对中国商品房市场的特点，采用 VC ++ 计算机程序开发工具，设计并实现了一个商品房市场模拟模型，用来研究商品房市场运行规律。将建立的商品房市场模型作为政策试验平台，通过调整政策模拟参数和主体之间互动过程，模拟不同的商品房市场政策的执行效果，调控政策叠加的效果、以及这些政策在不同的收入分配条件下作用。在未来，可以对模型进行细化和扩充，实现更大规模和更加精确的计算机模拟研究。

# 目录

# 第一章 导 论

## 第一节 选题背景和研究意义

### 一、研究对象的界定

本书的主要研究内容是基于主体的经济系统的建模方法，以及与此相关的主体学习算法和政策模拟平台等内容，研究的基础理论是复杂系统理论和网络科学理论。人类的经济系统是一个典型的复杂自适应系统（Complex Adaptive Systems，CAS），系统中的参与者是人和由人组成的各种组织，系统中的各类参与者之间存在着大量的互动和博弈，通过汇聚或“涌现”，形成了宏观经济层面的各种总量特征和动态。在这些互动和博弈的过程中，经济系统的参与者不断地学习和适应，共同推动整个经济系统不断地向前发展。同时，经济系统的参与者在互动和博弈的过程中，形成各种各样的网络化的结构，比如，社会网络、交易网络、企业网络等。当经济系统面对各种内外部冲击时，冲击信息会随着各种网络进行传播和扩散，网络中的各个节点会对冲击信息作出反应，这个过程就是冲击在经济网络中传播的过程。这些网络结构对微观结构动态和宏观经济经济波动均有重要的影响。

本书将一个地区的市场或者某一个子市场作为研究对象，以复杂系统理论和网络科学理论为基础，将经济系统作为一个复杂自适应系统，研究复杂经济系统的建模方法和建模工具。研究采用基于主体建模方法（Agent - Based Modeling，ABM）中“自下而上”的视角，从经济系统中的个体之间的最基本的网络联系出发，对整个经济系统进行建模研究，并尝试以此模型为模拟平台，进行政策模拟研究。研究中尝试以商品房市场为例，建立一个基于主体的商品房市场网络化模拟模型，并利用该模型，研究影响商品房市场运行的相关因素，商品房市场的调控政策和政策执行效果。

## 二、选题背景

### （一）现有的经济学研究方法存在局限

现代的经济学研究方法建立在一系列的抽象假设之上，包括经济人、完全信息、同质化、完全理性等假设。其中最为典型的是 RA（Representative Agent）假设，引入代表个体（RA），是新古典经济学获得稳定、具有一致性的均衡解的条件之一。如果忽略掉个体所有的异质性，将得到一个具有代表性的个体，利用该代表性个体，经济学家就可以忽略掉许多由于聚合行为形成的问题，为一般均衡模型提供严格的 Walrasian 微观经济基础。但是 Kirman 认为，RA 假设具有很多的缺点（Kirman AP，1992）：第一，个体理性并不意味着群体理性，在宏观层面上，整体并不像个体那样理性；第二，个体对内外部冲击的反应与整体的反应并不一致，即整体并不是个体简单的加总；第三，个体选择的客观差异性，使得代表性个体难以代表全部的市场信息；第四，RA 假设为实证研究引入了一系列的问题，比如，如果一个假设检验验证了某个假设，那么这个验证过程也潜在地联合验证了 RA 假设。Forniand Lippi 的研究认为，在异质性主体的假设下，线性微观动态模型的基本性质在汇聚加总之后将会发生改变（Forni M，Lippi M，1997），比如，线性的微观经济互动并不一定会产生线性的宏观互动，格兰杰因果检验可能在微观层面不显著，但是却可能会出现在宏观层面，微观方程的聚合加总可能会产生新的动态的宏观方程。

经济学中的这些类似的假设大大简化了研究对象的行为模式，消除了经济系统运行中的一些不确定性，降低了研究经济问题的复杂性。通过有效地降低求解问题的维数，最终使我们利用简单的数学工具分析和研究复杂经济系统问题成为可能。这样做有几点好处：首先，这样的抽象假设降低了我们理解复杂经济系统运行规律的难度。经济系统是一个复杂系统，也是一个高维非线性系统，如果不进行一定的抽象，人脑有限的运算能力和理解能力难以处理这种复杂性。通过简化和抽象，有效地降低了研究问题的难度，使问题易于分析和研究，同时也使问题的解决方案易于理解和执行。其次，这些假设使我们可以使用简单数学方法抽象模拟和描述经济系统运行，为我们理解现实经济运行提供了一个途径。最典型的应用就是供给需求曲线，这个简洁而又有力的数学模型很好地说明了经济系统运行中的一些规律。最后，这些假设为我们理解整个经济系统设立了一个“基准”，虽然在这些假设下运行的经济系统是不存在的，但是这样一个“理想系统”为我们研究和理解现实经济系统的运行规律提供了一个可供比较的“基准模型”。而凡事都有正反两面，虽然大量的假设降低了研究对象的复杂性，便于我们研究和理解复杂的经济系统，但是这些假设也给我们理解经济系统的运行规律带来了一些困难。因为这些假设与实际情况有一定的差距，简单、同质化的假设条件会丢掉大量有用信息，减少了模型解释能力和预测能力。在面对复杂经济系统时，这个问题尤为突出，因为复杂系统具有非线性、初始状态敏感等特点。如果研究中引入大量的假设条件并舍弃大量信息，会造成一定程度的失真，模型解释过去的经济运行过程尚且可行，但预测未来经济动态时会带来较大的偏差。事实上，现有的经济学模型的预测能力是极其有限的，这跟其初始假设舍弃了大量信息不无关系。

以商品房市场为例，由于传统经济学研究方法的局限性和一些其他的原因，现有的房地产市场的相关研究没有成熟、完整的结论[①]。众多的经济学相关学者不断提出有关中国房地产业的预测，但中国的房地产市场的现实却从来没有出现预言中描述的情况，这一点就可以证实传统的经济学研究方法在面对复杂的经济系统时的劣势。而且无论是日本的房地产泡沫还是美国 2008 年因为房地产业的次级抵押贷款造成的经济危机，传统经济学都没有给出明确的预测。这些事实都在一定程度上表明，传统的经济学研究方法的局限使经济学成为一门解释性的学科，在处理复杂的经济系统时具有一定的局限性。

### （二）基于主体的计算经济学方法

20 世纪 80 年代以来，复杂性科学理论的逐渐兴起，人们对复杂适应系统的研究逐渐深入，认识到系统的复杂性、非线性等特点。人们逐渐突破了牛顿

---

① 一方面是由于商品房市场的复杂性，众多的参与主体和影响因素造成这一问题；另一方面，传统的研究方法在处理复杂系统的动态性行为时会遇到难以处理的困难。

式的还原论思维模式的局限，开始对经济系统、社会系统、生态系统等涉及复杂系统的学科的研究方法和研究思路进行反思、修正和补充，在大气物理研究、核研究、空气动力研究等领域，采取模拟的办法进行建模研究逐渐成为主流。传统经济学的研究方法是在完全理性、同质化个体等严格假设下，采用数理分析、计量检验等方法对经济系统进行研究分析。在取得大量研究成果的同时，这些严格的假设和严重依赖数学理论的研究范式也招致了很多批评，在面对日益复杂的经济系统时其局限性也越来越明显（范如国、叶菁、杜靖文，2013）。基于主体的计算经济学在研究方法、研究工具和研究范式等方面对传统经济学研究进行了创新。它将经济系统看作一个由一系列具有学习能力、适应能力、有限理性等特性的主体“自下而上”地组成的复杂自适应系统，利用仿真建立的人工经济模型来研究经济系统的运行规律（Tesfatsion L，2006）。自基于主体的计算经济学创立以来，逐渐引起人们的重视，目前已经成为经济学的重要分支。2009 年世界权威杂志《Nature》刊登文章，分析了现有的经济学研究方法的不足，认为基于主体建模的计算经济学在经济学研究、经济政策模拟等方面具有巨大的优势（Farmer JD，Foley D，2009），引起了研究者的广泛关注。

与此同时，随着微芯片技术的快速发展，在过去的 20 年间，计算机的运算能力在“摩尔定律”的主导下呈现指数增长的趋势。快速增长的运算能力为经济学研究提供了有力的工具，使得一些过去难以实现的方法现在变得可行。复杂自适应系统（Complex Adaptive Systems，CAS）是圣塔菲研究所（Santa Fe Institute）的 Holland 教授提出的新概念（Holland JH，1992），这一概念为人们认识、理解、研究、控制和管理复杂系统提供了新的思路。复杂系统理论认为，系统演化的动力来自系统内部微观主体的相互作用，系统表现出的各种性质和属性都是内部微观主体互动汇聚的结果。复杂自适应理论将系统的组成成分称为具有自适应能力的主体（Adaptive Agent）。Agent 在与其他 Agent 不断交互的过程中具有学习能力和适应能力，可以根据外界环境和其他主体的行为模式改变自身的行为模式。系统的整体各种特征属性、系统的演进、系统内部结构的产生、主体的分化、系统内部多样性的产生等，都是在主体间互动的基础上逐步产生的。所以，复杂自适应系统的研究思路与传统的“自上而下”的研究思路完全不同，是“自下而上”的研究路线。这种“自下而上”的研究思路需要大量运算能力作为支撑，而不断发展的计算能力使得这种研究方法变得可行。

正如 Holland 在其《隐秩序》一书中所描述的，我们的经济系统是一个极其复杂的动态自适应系统（Holland JH，1995）。当前的经济系统充满了意外和变化，运行过程中表现出极大的复杂性和不确定性。但是我们的经济系统并非从一开始就表现得这样复杂而精巧，而是伴随着人类社会的发展和生产力水平的提高，经过数千年的发展、演化才成为今天的样子。在发展的过程中，无数的个体通过互动和博弈，经历了一步步地“试错”、学习、积累和创新，最终经济系统逐步发展和成熟，而不是某个天才或者神明在一夜之间创造的。虽然在经济系统的内部不存在一个指挥经济运行的协调控制中心，但是组成经济系统的大量的生产者与消费者、生产者与生产者、消费者与消费者之间却时刻保持着物质、能量和信息交换，整个社会经济系统就是在这些千千万万次的互动过程中整体向前发展的。典型的经济系统是围绕市场组织起来，其运转过程是一个无中心的复杂系统自发运转的过程，经济系统内部的个人、组织和团体在各自目标的驱动下，时刻不停地互动，同时又对整个系统的变化做出各自的反应。经济系统内的各类行为主体在无中心节点的情况下，通过市场进行交换、博弈和协作，像有一只“看不见的手”将整个社会组织起来。这只“看不见的手”与复杂系统理论中的“涌现”现象是一致的，个体之间的互动，使得整体表现出个体所没有的有序性。

复杂自适应系统理论认为组成系统的各种具有适应性和互动能力的主体通过互动和协同演化，涌现并最终形成整体系统的各种特征；复杂自适应系统具有自组织和动态适应环境的能力，广泛地存在于各种尺度下，人类的经济系统是典型的复杂自适应系统（Holland JH，1992）。复杂系统具有非线性、内部反馈、自发秩序、稳定性和无中心、涌现、层级结构等特点（Ladyman J，et al.，2013）。从以商品房市场为例，商品房市场是典型的复杂自适应系统：商品房市场是由大量的异质性主体构成的（政府、房地产开发商、居民、银行），虽然在这个系统中不存在一个中心控制节点，系统中的个体也仅能获取市场的部分信息，并按照自己预定的目标进行行动，但是整个商品房市场系统却可以顺利运行。同时，商品房市场中的各类主体还会针对外部环境条件的变化，不断调整自己的行为模式，动态地适应环境。

由于经济系统的复杂性，任何与经济系统有关的研究必须考虑现实中的许多情况，比如不对称信息、不完全竞争、策略互动、预期、学习行为以及多重均衡问题等。复杂自适应系统理论为我们研究经济系统提供了新的视角，典型的研究方法是基于主体建模的方法（Agent－Based Modeling，ABM）。ABM 在研究社会经济系统的过程中将微观主体与宏观主体联系起来。在 ABM 的系统中，微观水平包含大量的异质性主体。主体之间的重复互动不断改变微观经济属性（比如生产或者消费水平），由相关微观基本实体集合汇总得出的宏观属性，包括某些我们感兴趣的宏观变量（如 GDP、价格波动、人均收入等）。

基于主体建模的经济系统研究是以复杂自适应系统理论（Complex Adaptive System，CAS）为基础，将经济体的整体或者一部分看作一个由大量的具有异质性或者同质性的 Agent 组成的复杂自适应动态系统，通过 Agent 之间的互动和 Agent 对环境变化的反应，自下而上地建立一个人工经济仿真系统。与无中心的自发运行的经济体类似，人工经济系统也具有自组织性，即一旦人工经济仿真系统建立并设定特定的初始条件，系统就自发运行，其运行过程就完全依赖于 Agent 之间的互动。通过模拟实际经济体中的个体的行为，我们可以利用人工经济体中的涌现现象和重要经济指标的变化趋势来研究实际经济体的运行规律（邝雄、程超、陈霞，2022）。目前，基于 Agent 建模的方法被广泛地应用到了各个领域。人们应用基于 Agent 的建模方法建立各种模型，研究金融股票市场、供应链、消费者市场、预测传染病的扩散、甚至是帮助人们理解古代文明衰落的原因等。许多研究者利用基于主体建模方法来研究各类市场的结构和运行规律，如金融市场、劳动力市场、电力市场、供应链等，并利用建立的人工市场模型模拟和评估各种经济政策的长期和短期效应。1996 年，美国的 SANDIA 国家试验室建立了一个基于主体的微观经济模拟模型（Agent－Based Microeconomics Simulation Model，ASPEN），模型中共有 9 类主体，包括公司、居民、政府、银行、联邦储备局、房地产商等。模型采用遗传算法来模拟主体的学习过程，并建立了一个复杂的信息传递系统来模拟主体之间的通信，模型中还模拟了银行系统和股票交易市场，模型模拟美国经济运行取得良好的效果（Basu N，et al.，1998；Basu N，Pryor RJ，1997）。随后 SANDIA 又在国际贸易、电力系统等方面对 ASPEN 进行扩展，都取得了良好的效果。ASPEN 以及它的后续研究成为基于主体的计算经济学经典研究成果。欧盟于

2006 年启动了 EURACE 项目，该项目由欧洲的 8 个科研机构共同承担，其目的是设计并建造一个基于多主体的公共宏观经济模拟平台，用于欧盟的经济政策模拟和评估①。目前，EURACE 是世界上规模最大也是最完善的基于主体的计算经济学模拟平台，平台包含了完整的欧盟经济体系。模型考虑了欧盟市场的时间尺度和空间尺度、主体的异步决策、地理空间结构和土地利用、社会网络结构的演化等诸多方面。自 2006 年建立以来，该项目一直在运行，项目内的各种主体在持续地学习和演化。相关学者利用 EURACE 对欧盟的金融政策、财政政策、宏观经济稳定政策等进行研究，取得了良好的结果（Dawid H, et al., 2014；Raberto M, et al., 2008, 2012）。

## 三、选题的意义

本研究具有一定的独创性，在建模理论和实践研究上有一定意义。

### （一）在理论上，结合复杂自适应系统理论和网络科学理论，提出了新的建模方法

本书对现有的基于主体的市场模拟研究进行了综述分析，在此基础上，认为现有的经济学研究具有一定的局限性，而基于主体建模的研究方法具有一定的优势。同时，认为基于主体建模的方法在强调个体异质性的同时，可以对个体的微观结构进行更加深入的研究。根据研究的需要，提出了“基于主体的网络化建模方法”，用于研究和分析经济系统中的网络化结构以及网络化结构带来的经济整体波动。该方法能够更好地抓住经济系统中的微观结构和微观动态，并对经济系统面对内外部冲击时的反应进行模拟研究。

### （二）初步进行了政策模拟平台的相关研究

传统经济学方法对政策、决策研究无法为决策者提供准确的决策辅助，因此在传统经济学思维下，大部分决策都是“滞后”决策。传统的经济政策出台过程是这样的：发现经济运行中需要解决的问题，然后出台相关政策，新政

① EURACE 官网，http://www.eurace.org/.

策有一定的作用，但是随后也会带来很多问题。随后针对这些问题再出台新的政策，这些政策在解决问题的同时将会或多或少的带来更多的新问题。这样的政策决策过程是典型的头痛医头脚痛医脚的方式，其效果值得商榷。其根本原因是传统经济学是“解释”型的经济学，虽然可以在一定程度上很好地解释过去的经济运行过程，但难以预测和模拟未来的经济走势，使得新制定的政策在执行过程中会出现种种意料之外的偏差。

而基于主体建模的研究方法突破了过去的“解释型”研究思路，是一种“自下而上”的研究思路，可以主动探索经济运行的规律，在一定程度上能改善过去的政策制定过程中的弊端。该研究以复杂自适应系统（CAS）的相关理论为基础，采用计算经济学的相关研究方法，结合我国经济运行的具体情况建立经济系统模拟模型。根据实际政策决策需要，设计不同的政策试验并在模型中模拟执行。通过观察不同条件下的政策试验的模拟结果，可以更加详细和具体地了解市场的运行规律，为政策的制定和实施提供较为具体的决策支持。

### （三）进行自主的平台开发研究

在计算经济学的相关研究中，模型的实现方式和实现途径具有重要的影响。本研究根据建立的基于主体的网络化建模方法，采用高级计算机开发语言，从底层自主开发了一套商品房市场模拟系统，系统开发的代码量约为 1 万行。开发过程中积累了大量的开发经验，为后续的研究打下坚实的基础。未来，可以对模型进行细化和扩充，应用到更多的经济部门和市场，实现更大规模和更加精确的计算机模拟研究。

## 第二节　相关理论和研究综述

### 一、基于 Agent 建模的（ABM）的相关研究

基于主体建模的研究方法将经济系统看作一个由大量自治的、相互作用的 Agent 组成的演化系统，并在此基础上建立计算机模型开展各项研究。基于主体建模的方法为我们抽象、设计和建立复杂的分布式的系统模型提供了有力的

手段。作为一个比较新的经济学分支，其研究方法、前提假设与传统经济学有所不同。传统经济学研究方法主要是利用数理模型方法，在完全理性，同质化等严格的假设下开展研究。但是由于人类经济系统所固有的复杂性和动态性，传统的研究方法遇到了一定的困难。传统经济学研究方法是建立在一系列的假设条件下的，这些假设条件包括：

（1）完全的经济理性。假设经济系统中的参与者都是完全理性的，相对于决策的目标（效用最大化或利润最大化）其决策不存在失误或者非理性因素。忽略参与者短期、暂时的、个体性质的不理性行为，将其统一抽象出来一个具有最优化决策目标和最优化决策能力的经济人。

（2）同质化假设。经济体中每一个用户都是同质化的，具有同样的偏好和效用函数，在面对相同的外部信息时能够做出相同的决策。

（3）信息对称。传统的经济模型一般不考虑，或很少考虑信息不对称的情况，假设所有的个体可以快速全面地掌握所有的经济运行信息。

这些假设条件大大降低了研究对象的复杂程度，使得经济学研究易于开展。虽然在这些假设的基础上也可以建立一个能反映经济系统运行基本规律的简化模型，但是由于与经济运行的实际情况有很大差异，这些假设会对经济学研究造成一定的困扰。一方面，同质性假设忽略了大量的有用信息，由于复杂系统对于初始状态是很敏感的，大量被忽略掉的个体信息将会造成模型长期运行结果产生巨大的偏差。另一方面，完全经济理性和对称信息等假设忽略了主体有限的计算能力，虽然长期来看主体通过与其他主体的互动、学习和进化会形成最优或者次优的决策，但这在快速的市场变化中需要慢慢学习，在市场情况发生变化的情况下，不能在瞬间达到新的平衡点（徐光木，2021）。这两点也决定了经济学的相关研究方法在解释过去的经济发展历史方面也许是有用的工具，但是在预测未来的情况下就难以保证可靠性。在此情况下，基于复杂自适应系统理论的计算经济学为研究人类社会的经济活动提供了另外一个完全不同的视角。有学者认为，在一定程度上计算经济学可以使得经济学家可以像完成其他科学试验一样，完成可控条件的试验以研究各种经济问题（Lane DA，1993）。

基于主体建模的研究方法（Agent - Based Modeling Method，ABM）最早可以追溯到元胞自动机（Cellular Automaton，CA）的概念。冯·诺依曼（Von

Neumann，1966）于1966年最早提出了元胞自动机的概念（Von Neumann J，Burks AW，1966），并建立了一个简单的二维元胞自动机模型，首次证明了元胞自动机的存在性。冯认为，元胞自动机是指在给定一些简单的规则和初始状态的情况下，元胞自动机经过一定步数的运行将会得到可以复制其自身的固定的模式。他的同事约翰·康威（John Conway）在冯·诺依曼的元胞自动机的概念的基础上设计了一个二维的、仅有两个状态的元胞自动机，名为“生命游戏”（Game of Life），最终这个元胞自动机通过马丁·加德纳（Martin Gardner，1970）的一篇论文变得广为人知（Gardner M，1970）。随后，众多学者利用Game of Life开展了大量的研究。相关的研究结果表明，通过简单规则可以产生难以预料的复杂行为模式和稳固的局部结构分布，这都是明显的涌现现象。这些研究成果对以后的计算机模拟技术和基于主体建模技术的发展产生了巨大的影响。

随后，克雷格·雷诺兹（Craig Reynolds，1987）建立了Boids模型，研究鸟类和鱼类的个体行为与集群行为之间的关系。在克雷格人工模拟的Boids模型中，一群个体在简单规则作用下，从任意随机初始状态开始，最终都会产生某种特定的模式、秩序或者结构。这种秩序的出现就是所谓的“涌现”，即基于简单规则的互动Agent，最终产生了涌现现象并表现为有组织的或者是有规律的行为模式（Reynolds CW，1987）。在没有中心节点存在的情况下，或者中心节点没有提供明确的行为指令的情况下，基于简单的行为规则的个体，通过彼此互动自发地形成群体行为，这些群体行为展示出了集体智力，即所谓的蜂群智慧（Swarm Intelligence），这些自然现象揭示出生物群体中可能广泛存在各种各样的涌现现象。

爱泼斯坦和阿克斯特尔（Epstein，Axtell，1996）建立了人工社会——糖域模型（SugarScape Model）。糖域模型利用基于主体建模的方法，通过单个个体和它们之间的互动，自下而上地模拟复杂系统的运行过程。其研究结果表明糖域模型可以很好地模拟大量的社会过程，包括生活、死亡、疾病、战争、产品的再生产等。爱泼斯坦这一项独创性的工作以及其他研究者围绕这一模型开展的后续研究工作产生了非常丰富的研究结果，为许多社会和经济模拟提供了极为有益的参考（Epstein JM，Axtell R，1997）。爱泼斯坦认为，基于主体的计算经济学为研究者提供了一个研究复杂系统中的个体行为如何汇聚为宏观规律性和组织性的途径。它是一个将计算机技术和经济学理论研究连接起来的强有力的工具，可以用来研究一些重要的非均衡系统。他认为，计算经济学将社会解释为分散的具有计算能力的个体，将各种社会动态变化过程解释为计算（Epstein JM，1999）。

在有关自适应主体的研究过程中，亚瑟（Arthur）认为，主体是具有有限理性、学习能力、归纳能力和自适应能力的独立个体（Arthur WB，1994）。霍兰德和约翰（Holland，John）的相关研究认为，主体之间的交互行为与实际交易者一样，应该反映主体的自主判断（Holland JH，Miller JH，1991）。基于主体的计算经济学研究方法利用主体的学习能力和适应能力，将经济系统中的主体差异性纳入经济研究中，使得在一定程度上结构性地还原经济系统成为可能（Tesfatsion L，2002）。

近年来，将基于主体的计算经济学研究方法应用于具体市场的研究工作越来越多（刘煜、朱成全，2021）。有关股票市场的研究越来越深入和全面，一般都假定股票市场中的主体优化和预测能力是有限的。巴克（Bak）在研究股票市场时，建立了一个简单的基于主体的模型，他将交易者简化为两类人，噪音交易者和理性交易者。当不同类型的主体在不同的情况下相互模仿彼此的行为，并对最近的市场波动做出反应时，市场会表现出截然不同的波动模式。他发现，当理性交易者比例较少的时候，“泡沫”会经常出现，当理性交易者较多的时候，市场交易价格多维持在合理范围内，这一研究揭示了不同类型的个体结构与全局价格变动的关系（Bak P，et al.，1997），也表明主体异质性对复杂经济系统的影响。

博斯维基克（Boswijk）在研究股票市场时，首次将具有异质性和有限理性的主体引入动态股票价格模型中（梁睿、董纪昌、贺舟、刘颖，2022）。在这个模型中，股票作为一种风险资产，其基础价值对所有的主体都是已知的，但是不同的主体对同一股票的基础价值的偏差以及偏差所维持的时间长短的预期是不同的，系统的整体演化选择机制是根据过去的获利情况来控制拥有不同预期以及预测策略的 Agent 的比例（Boswijk HP，et al.，2007）。阿努夫里耶夫等（Anufriev）研究了市场的透明性以及主体的行为对市场效率的影响。他们发现，主体学习的效果很大程度上依赖于其掌握信息的完备程度（张江华、陈中飞、任之光、杨列勋，2020）。拥有其他主体行为信息的主体的行为有与其他主体趋同的趋势，而无法获得其他主体行为信息的主体将会有更高的成本。与零智商的交易者相比，具有学习能力的交易者可以提高分配效率（Anufriev M, et al., 2011）（朱秀梅、刘月、李柯、杨红，2019）。亚历山德罗娃（Alexandrova）在研究支付卡市场时，应用了基于主体的建模方法来研究支付卡市场中消费者和商户根据不同的信息集所做的决策。他发现，市场结构在很大程度上取决于消费者和商户决策的信息集合。他使用基于主体的建模方法研究商户和消费者的相互作用，研究双边市场中间接网络外部性对市场动态的影响，而不是像过去那样仅仅局限于研究产出均衡情况（Alexandrova - kabadjova B, et al., 2011）。这一尝试是首次将基于主体的建模方法应用于双边市场的研究中，并取得了不错的效果。查尔斯（Charles M. Macal）认为，称基于主体建模方法是“第三种科学研究的方法”（朱顺杰，2021），认为它作为一种“发现的方法”（discovery methods），扩充了原有的归纳和演绎推理的研究方法（Macal CM, North MJ, 2009）。

法焦洛和莫内塔（Fagiolo, Moneta）等讨论了经济学中应用基于主体的研究方法在模型验证中存在的方法论问题，对基于主体建模的研究方法及时地做了归纳和反思，并对该技术的标准化和数据验证等提出了有益的建议（Fagiolo G, et al., 2007）。

## 二、有关建模方法的研究

于尔根·林德提出了 MASSIVE 的方法，用于基于主体建模当中。该方法采用迭代还原的方式，一直迭代到到主体水平（Lind J, 2001）。迈克尔和尼古拉斯（Michael Wooldridge, Nicholas R. Jennings）等提出了一个面向主体的分析和系统设计方法 Gaia，用于基于主体建模当中。Gaia 方法是一个通用的方法，可以应用到很大范围的多主体系统当中（孙琼、刘铮，2020）。Gaia 方法将多主体系统作为一个由许多可以互动的主体构成的具有计算能力的有机体（Wooldridge M, et al., 2000；张玉静，2019）。

迈克尔（Michael Weiss）提出了模式（Pattern drive）驱动的建模方法，他认为一个主体的行为模式代表了一个被证实角色分配或者主体之间的互动方法，同时已有的模式也表现了采用该种模式的系统所拥有的一些性质（刘飞，

2021)。他提出了软目标的概念，来表示系统性质受到模式的影响（Weiss M，2003)。

阿努夫里耶夫等提出了 Anufriev 遗传算法，引入个体进化算法来确立主体的学习机制（Anufriev M，et al.，2011)。马可等（Marco Raberto，Andrea Teglio，Silvano Cincotti，2008）利用基于主体的仿真技术，建立了一个人工经济环境，研究不同的货币政策对经济体的影响，他们模拟的经济环境中包含了具有非出清特征的商品市场、劳动力市场、股票市场和信贷市场，以及有限理性的主体（Raberto M，et al.，2008；王东，2023)。

国内的有关研究起步晚于国外，但也有自己的特点，众多学者在计算经济学的各个领域都做了很多有益的探索，获得了诸多研究成果。韩小亮系统介绍了计算经济学（ACE)，并将计算经济学在交通行为研究中的应用做了有益的尝试（韩小亮、邓祖新，2004，2006)。袁家海对电力市场中应用的 Agent 计算经济学研究进行了综述，认为基于主体的计算经济学模型能够在更深的层次上和更广的范围内研究电力市场进程（袁家海、丁伟、胡兆光，2005)。杨敏、熊则见分析了基于主体建模的研究方法中存在的方法论问题。认为建模自由度大、缺乏核心模型、模型验证困难是其缺乏广泛认同的主要原因，并认为建模工具标准化、一致性判断、灵敏度分析等是未来的建模技术的发展方向（杨敏、熊则见，2013)。施永仁等将 ACE 应用到供应网络研究中，探讨了其在供应网络中的优势，并研究在供应网络中企业的内部机制，组织和复杂网络等方面应用 ACE 的可能性（施永仁等，2006)。鲜于波等采用小世界网络模型和 ABM 方法，结合 EWA 算法研究现代产业中的标准扩散问题时。研究结果认为个体适应性预期在标准扩散中有重要作用，个体邻域结构的随机性对标准扩散及其扩散结果有很大的影响，个体预期在一定程度下能够逆转标准扩散中的先发优势（鲜于波、梅琳，2007)。杨阳利用人工金融市场模型为仿真平台研究了中国股指期货市场波动（杨阳，2012)。计算经济模型可以通过计算机程序模拟现实环境和真实现象来开展试验（熊航、鞠聪、李律成、涂涛涛，2022)，试验经济学一般只能开展同一时期的对照试验，且试验过程具有一定的不可控性，而计算机仿真试验是完全可控的，且可以跨时期反复开展（包特，2020)。

张江、李学伟等利用三层结构（分类、规则、行为）对经济系统进行建模，建立了一个ACE经济模拟系统：SIMECO系统。在系统中，他们成功地模拟了价格形成、社会分工的形成、商品流的形成和发展等（张江、李学伟，2005）。李红权研究了计算经济学在金融政策模拟方面的应用情况，认为计算经济学在探究市场参与主体的微观行为和市场的宏观结构之间的关系（刘晓欣、宋立义、姚鹏，2019），以及金融市场政策对金融市场的结构和参与主体行为的影响方面有着极大的应用空间（喻平、常悦，2020）。

Filatova和Parker等建立了一个基于多主体的土地市场模型，分析了土地市场价格形成的过程和土地交易对买者和卖者的福利影响情况。模型运行结果显示，基于多主体的计算经济学模拟结果和传统的土地利用模型，如Alonso/von模型的分析结果是相似的（Alonso W，1960，1964）。Michael和Goetz利用基于主体建模的计算经济学方法研究逃税现象，并据此提出了相应的政策建议（Pickhardt M，Seibold G，2014）。Desouza和Yuan L. 总结了公共政策设计中面对的困难，并提出了“证据驱动的政策设计”（evidence - driven policy design）的概念。认为计算机模型是执行“证据驱动的政策设计”的潜在工具（Desouza K，Yuan L，2013）。Dosi和Fagiolo等以基于主体建模的凯恩斯主义模型为基础，研究在保证宏观经济参量稳定（GDP增长、失业率等）的目标下，收入分配、财政和货币政策之间的相互作用，模型巧妙地将凯恩斯的需求产生机制、熊彼特的创新为动力增长机制和Minskian的信贷动态模型结合起来。研究发现不同的收入分布对宏观经济的影响具有很大的不同，伴随着收入差距的扩大，经济周期的波动会更加剧烈（Dosi G，et al.，2013）。Dosi和Fagiolo等建立了基于主体建模的经济模型，并利用该模型研究不同财政货币政策组合的实施效果。研究结果表明，模型可以产生一系列现实经济中的微观和宏观的经济现象比如经济波动和银行危机等；同时保守的货币政策会放大财政政策的副作用，财政货币政策的实施效果会因收入不平等状况的加剧而提高（Dosi G，et al.，2014）。

吴静、朱潜挺基于自主体模拟与投入产出表相结合的建模方法，对重庆市碳排放交易市场的运行进行模拟，对碳减排与促进产业结构升级提供了理论参考。（吴静、朱潜挺，2018）。刘鹏、吴洁提出了一个新的基于多主体的企业技术创新联盟演化动力学建模框架，利用所提出的建模框架，在NetLogo仿真平台上构建了相应的多主体建模平台原型，并分别研究了封闭式和开放式联盟情景下的联盟演化和联盟企业技术进化模型，部分检验了所提建模框架的有效性，从而对相关研究工作形成了很好补充，同时为进一步的学术研究以及相关政策的制定实施提供了有益的辅助与支持（刘鹏、吴洁，2019）。王宁玲等基于主体建模方法建立公路服务区生活建筑负荷预测模型，综合考虑服务区群体特征和用能行为特性，构建公路服务区典型用能场景，为集成系统的规划设计和优化调度提供基础建议（王宁玲、曲椿煜、杨超云、王家奇，2023）。

## 三、商品房市场的相关研究

目前，国内外已经有大量学者针对商品房的定价问题进行了丰富研究。已有的商品房定价和商品房定价模型文献，大致分为三类：第一类文献集中于研究某一个特定的商品房定价机制，如 Hedonic 模型、重复出售模型等。第二类则是着眼于利用计量模型，建立房地产价格与各种影响因素的计量统计模型，试图从统计学角度揭示商品房的定价机制。第三类利用模糊数学或其他方法，对房地产价格进行系统性评价。

其中，第一种类型的文献的方法以 Hedonic 方法为典型代表。Hedonic 方法是由 Court 于 1939 年提出的，最早应用于汽车价格的分析。随后，Rosen、Lancaster 和 Griliches 等将此方法进一步发展（Rosen S，1974）（Griliches Z，1977；Lancaster KJ，1966）。Hedonic 方法是以经济学中的效用论为基础发展而来的，是一种根据商品带给消费者的效用来评价商品价值的方法。Hedonic 方法适用于耐用消费品的定价模型，但其应用有严格的前提假设，包括完全竞争市场、同质化产品、均衡市场状态、理性消费者等。张金清、彭俊通过实证分析研究了上海房地产市场中影响房地产价格的因素和房地产定价机制，分析了人民币升值、预期和政府调控政策等因素在房价上涨中的作用（张金清、彭俊，2006）。李智锋在研究房地产定价模型时，采用层次分析法来改进回归模型中的共线性问题，并利用房地产价格数据进行检验（李智锋，2011）。李延喜、陈冬等从资产评估的角度，对比研究了中国和美国应用市场法进行房地产定价的现状（李延喜，2005）。还有其他一些学者以模糊数学为基础，应用层次分析法，结合现有的交易数据对商品房价格定价进行建模和评估（宋永发，2008；王珊珊、于雯媛，2011；霍翠凤，2009；高沂，2009）。陈慧慧基于主体建模的方法，以限购政策和房产交易税政策为例，设计并构建了一个研究商品房市场主体行为的实验模拟系统（PEA2.0），用以分析收入差距对商品房政策执行效果的影响（陈慧慧，2015）。邓韬采用 2008 年 1 月至 2015 年 10 月全国层面的月度数据，应用 HP 滤波技术分离出信贷供给中的扩张和收缩成分，结合 SVAR 模型分别分析正负两种信贷冲击下商品房价格的动态响应机制，并对是否包含影子银行数据的两类计量结果进行对比，其研究结果为商品房市场的相关研究提供了参考（邓韬，2016）。任龙利用系统动力学软件 Vensim 5.9c PLE 构建了昆明市住宅商品房市场的系统动力学仿真模型，预测昆明市住宅商品房市场的变化趋势，通过房地产政策试验，研究限购政策、金融政策等对住宅商品房市场的影响，根据试验分析结果，为政府制定房地产政策提供建议。其研究成果对促进昆明市房地产业的持续、健康、稳定发展具有一定的参考意义（任龙，2019）。李张飞雪以昆明市相关历史数据检验模型及评价昆明市公租房补贴方式现状后，设定八个情景进行系统政策仿真试验以研究系统内各政策参数对系统的影响，其通过分析昆明公租房内外运行机制梳理系统内各子系统之间的联系与运行规律，明确了人口、经济、实物补贴、货币补贴、租房市场、商品房市场等六个子系统对昆明市房地产市场的影响，将昆明市公租房补贴方式量化为系统动力学模型对所研究问题进行了分析（李张飞雪，2020）。

## 四、现有研究的评述

从现有的研究来看，众多学者采用基于主体的计算经济学方法，在市场模拟、经济政策和公共政策设计等方面有大量的研究。但是目前的研究中存在以下几个方面的问题：（1）缺乏对主体之间网络结构的研究，而这些结构对主体之间的互动具有重要的影响。（2）主体学习算法没有考虑网络结构对学习行为和学习结果的影响。但是在实际情况中，人们的接触范围是有限的，其学习范围和学习能力也是有限的，主体之间的网络联系必将会对其学习行为产生影响。（3）我国在基于主体建模的研究领域里，还没有系统性、全局性的基于主体建模的方法框架。（4）缺乏类似政策模拟平台构建研究的相关内容，而美国和欧盟早就开始了相关的平台建设的研究。

## 第三节 研究内容和研究方法

一是，自下而上，微观基础与宏观动态相结合的研究方法。突破以往经济学中将宏观动态和微观基础相割裂的固有传统，采用自下而上的研究路径，以复杂自适应系统理论为指导，结合商品房市场的特点，自下而上地建立经济系统模拟模型。在此基础上，通过计算机编程开发，将模型在计算机上进行实现和运行，并结合实际情况对模型进行校准、验证和调试。

二是，还原论和整体论相结合的研究方法。还原论（Reductionism）认为，复杂系统可以通过将各个组成部分进行分解，将整体化作各部分组合的方法来进行研究和描述。而系统论则有所不同，其更加强调整体与局部、局部与局部、整体与外部环境之间的有机联系，具有整体性、动态性和目的性三大基本特征。将还原论和整体论结合的研究方法就是从整体论出发，分析经济系统的整体特征；然后从还原论出发，在个体层面，用个体与个体之间的互动来驱动整个系统的运行。

## 第四节 逻辑框架和结构

本书以复杂自适应系统理论（CAS）和网络科学理论为指导，研究经济系统的建模方法，并在此基础上开展主体学习算法、政策模拟、政策模拟平台等研究。研究首先对现有的两大基于主体的经济系统建模项目进行详细的总结和研究，并提出一个基于主体的经济系统网络化建模方法框架。然后，以商品房市场为例，实现了一个基于主体的商品房市场网络化建模概念模型，并用高级计算机编程语言进行开发实现。随后，以该模型为基础，开展各类政策模拟研究。

具体的研究路线如图 1－1 所示。

本书共分七个章节，内容章节安排采用“总—分—总”的形式。第一章为导论，介绍本书的研究背景、研究意义、研究内容、研究方法、研究创新之处与不足之处。通过对相关内容的说明，表明本书选取经济系统建模方法作为研究对象的初衷、如何对经济系统建模方法进行研究、对经济系统建模的研究可能取得的研究成果等方面的内容。

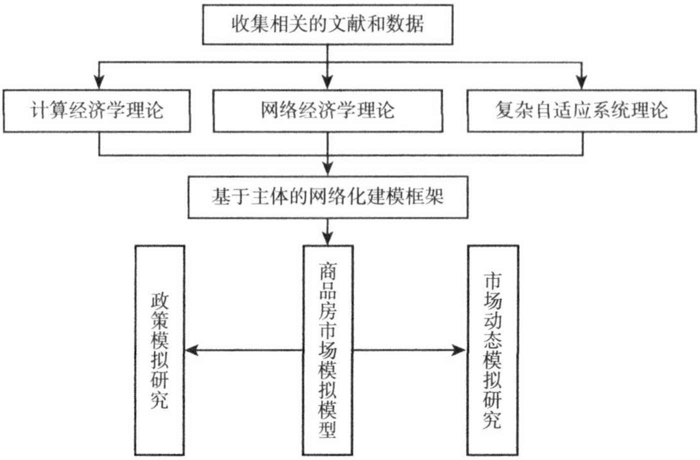


**图 1－1　研究技术路线**

第二至第六章为本书的主要内容，首先在第二章给出本书研究的理论基础，本书的研究是建立在复杂自适应理论、网络科学理论、网络经济理论等基础之上的。然后在第三、第四、第五章给出本书的核心研究内容。第三章为全书的核心部分之一，总结了现有的基于主体建模的研究，提出了基于主体建模的经济系统网络化建模研究方法，并通过举例详细描述了该建模方法的建模过程。第四章为模型的计算机设计和实现过程。第五章是研究结构、信息和预期对房地产定价影响的模拟分析。本书在第六章讨论政府的房地产调控政策的模拟分析，并提出有效的房地产调控政策建议。第七章为结论与展望，总结所有研究结论，并提出进一步深入研究的方向与思路。

## 第五节　研究的创新

本研究在模型建模方法、主体学习算法、政策模拟平台、模型开发方面具有一定的创新。

一是在理论上，结合复杂自适应系统理论和网络科学理论，提出了“基于主体的经济系统网络化建模方法”，用于研究和分析经济系统中的网络化结构以及网络化结构对经济系统的影响。该方法能够更好地把握经济系统中的微观结构和微观动态，并对经济系统面对内外部冲击时的反应进行初步的模拟研究。

二是对个体的学习算法进行拓展。在实际学习性过程中，个体所处的社会网络和交易网络对其能接触到的信息有很大的影响，这必然会影响到个体的学习过程。本研究将个体的预期和微观结构加入个体的学习算法中，可以更好地体现个体的学习过程。

三是初步进行了政策模拟平台的相关研究。该研究以复杂自适应系统（CAS）的相关理论为基础，采用计算经济学的相关研究方法结合我国经济运行的具体情况建立经济系统模拟模型。根据实际政策决策需要，设计不同的政策试验并在模型中模拟执行，通过观察不同条件下的政策试验的模拟结果，可以更加详细和具体地了解市场的运行规律，为政策的制定和实施提供较为具体的决策支持。

四是进行自主的平台开发研究。在计算经济学的相关研究中，模型的实现在整个研究过程中占了较为重要的一部分。本研究采用高级计算机开发语言，从底层自主开发了一套商品房市场模拟系统，开发过程中积累了大量的经验，为未来的研究打下了坚实的基础。在未来，可以对模型进行细化和扩充，加入更多的经济部门和市场，实现更大规模和更加精确的计算机模拟研究。

# 第二章　研究的理论基础

## 第一节　复杂系统理论

### 一、复杂系统理论

#### （一）复杂系统和复杂系统理论

系统是指相互联系和相互作用的元素组成的一个集合。复杂系统是系统的一种子集，正如复杂这个概念一样，复杂系统目前尚没有一个明确一致的定义，有学者认为这是复杂系统的特性之一，即病态定义特征。病态定义特征指的是难以用一种明确的数学形式来对复杂系统进行定义和分析。目前有许多学者尝试从多个角度对复杂系统进行定义。钱学森先生是我国复杂系统学科的重要开拓者，他认为复杂系统具有层次性、复杂性和开放性的特点。瞿继权和戴金海则认为复杂系统是不同类型的子系统经过组合构成的混合系统。按照不同的分类标准，可以分为连续和离散系统、实时和非实时系统（廖守亿、戴金海，2004）。朱六章等认为，复杂系统具有一些典型的特征，包括多层次性、子系统的多样性、内部信息存在不确定性等特性（朱六璋、陈宗海，2001）。一般而言，学者认为复杂系统具有开放性、复杂性、非线性、多时性、层次性、涌现性等特性（史星晨，2023）。

复杂系统的开放性是指复杂系统与其他系统没有明显的边界，系统与系统之间存在物质、能量和信息的交换或者传递（张占录，2022）。复杂性是一个没有明确定义的特征，一般是指复杂系统具有与简单系统明显的差异，难以简单地描述和分析。非线性是指系统之间的组成元素之间具有非线性的相互作用关系，整个系统表现出非线性的特征（韩进、李平、周海波，2022）。复杂系统的层次性特征是指，组成系统的组成部分从微观到宏观具有不同的结构和特性。但整个系统却又不是单个元素的简单叠加，不能从低层次元素的结构和性质推测出高层次结构的性质，即系统在表现出层次性的同时也表现出涌现性。

### （二）复杂系统的涌现特性

涌现性是复杂系统最重要的特性。涌现性是指，组成复杂系统的来自局部的、个体的行为特征在系统整体层面上的汇聚和叠加，最终表现为全局行为，由于这种全局行为是随着个体数量的增加或者局部结构的形成而突然出现的，所以叫“涌现”。局部个体的行为与整体行为并不完全一致，甚至局部个体的增加或者同一层次的行为对整体行为的影响可以忽略不计。

人类组织或者人类社会呈现出涌现性，以公司为例，单个的个体是柔弱无力，生产力低下的（甄珍、王凤彬、杨威，2022）。但是个人按照一定的关系组成公司，并结合一定的生产资料，就能形成一股强大的力量，生产出大量的产品和服务，表现出涌现现象。涌现行为从两个方面呈现出复杂性，无组织复杂性和有组织复杂性（约翰·H. 米勒、斯科特·E. 佩奇，2007）。无组织复杂性主要是以大数定理为主导的涌现特性，即大量独立、随机分布的零散的个体元素在一定的假设条件下能汇聚出稳定的集合属性，该集合属性对于个体的改变是稳健的，Weaver 将其称为无组织复杂性（Weaver W，1961）。无组织复杂性所表现出涌现性的关键是具有对称性的不同倾向的局部个体或者组织之间相互抵消，从而使得整体表现出可预测的特征性分布（罗家德、万怡、张江，2023）。而有组织复杂性（Organized Complexity）或者超越组织复杂性主要涉及一些交互主体构成的系统所表现出的复杂性涌现特性。如果个体之间存在交互作用或者交互行为，比如存在反馈作用或者负反馈作用，那么整体将表现出与大数定理截然不同的行为模式。我们的人类社会、自然界中的生物组成的生态系统等都是具有有组织复杂性的系统。由于这一特性的存在，我们在研究社会科学中的相关涌现行为时要特别关注主体之间的互动。

## 二、复杂自适应系统理论

复杂系统理论是研究系统的组成部分如何影响和汇聚出系统的整体行为比如涌现（Emergence）等行为，以及系统如何与其环境互动。复杂适应系统理论强调个体的主动性，关注系统内各主体间的相互作用，有许多学者基于CAS理论，从多主体博弈的分析视角，构建多主体博弈仿真模型来分析实践中的问题（张占录，2022）。复杂系统理论一般是用来处理非直接效应的。因为通常情况下，解决与复杂系统相关的问题的难度在于，因与果的关系并不是明显的、直接的、线性相关的关系，而是复杂而又曲折的关系。不同的因素相互作用，具有多层次、分时性的涌现行为，使得系统难以理解、研究和预测。复杂系统理论出现之后，人们研究经济系统、生态系统、天气系统等复杂系统的方法产生实质性的改变。在此之前，人们普遍是用还原论的研究思路来研究这些问题，认为复杂系统是简单元素的加总，这样的研究方法产生了很多难以逾越的问题。而复杂系统理论出现之后，人们研究和分析复杂系统的方法开始逐渐从简单的还原论方法转变为整体论和还原论相结合的方法（王新新、张佳佳，2021）。

复杂适应系统理论是美国的约翰·霍兰提出的（Holland JH，1992），描述了个体互动和适应带来的系统整体影响和变化。Holland认为复杂自适应系统是组成系统的各种具有适应性和互动能力的主体通过互动和协同演化，涌现并最终派生形成整体的各种特征。复杂自适应系统具有自组织和动态适应环境的能力，广泛地存在于各种尺度下，人类的经济系统是典型的复杂自适应系统（Holland JH，Miller JH，1991）。他认为典型的复杂自适应系统共有6个特点：

（1）聚集性。在系统演化过程中，组成系统的较微观的、低层次的主体可以通过某种方式聚集起来，形成新的更高级别的层次结构或者局部结构。这个过程可以迭代重复，共同形成复杂的系统内部结构。

（2）非线性。非线性是指系统的属性以及系统内部各个主体互动的规律并不是简单地遵循线性规律，而是因为各种反馈作用、互动和相关影响，最终表现为非线性规律。

（3）流。从网络经济学角度来说，流是主体之间通过互动主动或者被动产生的物质、能量和信息的流动，流的概念反映了复杂自适应系统的动态性。系统中的流会因为主体之间的互动以及主体的适应能力的变化而产生、增强、减弱或者消失。

（4）多样性。多样性是系统内部主体适应性和聚集性的结果，系统内部主体的每一次适应性的改变都改变了系统的多样性；同时，系统内部主体的集聚将产生众多的内部结构，这也是多样性的具体表现。

（5）内部模型。内部模型是指复杂系统实现某些功能时内部固定化的一些机制，这些机制是系统长期演化的过程中适应性和环境选择产生的结果。系统会形成某些固定化的模式来响应外部固定模式的输入，这些固定化的模式就是 Holland 所谓的内部模型。从某种角度来说，系统是由模式驱动的。

（6）积木。积木指的是简单模块或者部件通过组合产生更加复杂和更高层次的结构，而层次之间的差异和多样性也是系统多样性的表现之一。积木的概念有助于我们按照“封装”或者“黑箱”理论来认识和研究系统内部的不同层次和结构，即在理解和研究系统的过程中，只考虑其与外部环境的互动和输入输出，不关心具体模块内部的任何信息。

## 三、复杂自适应系统与经济系统

人类的经济系统是一个复杂系统，表现出明显的系统结构的层次性、系统边界的开放性、系统运行的非线性、多时性和涌现性。其中，涌现性是最重要的特性，与传统经济理论中的“看不见的手”的论述有相通之处。从个体到公司、国家乃至世界经济体系等各个层次都表现出明显的涌现特性。作为个体，人的能力是有限的，行为也较为简单。但是当人们进行分工、协作、生产、分配、交换，通过市场为纽带连接在一起组成一个经济系统时，作为经济系统的一个成员，他却获取了巨大的便利和优势，此时整个经济系统的运行也表现出与个体行为截然不同的运行规律。比如，商店的货架上的商品琳琅满目，源源不断，各种服务周到细致。正常情况下，作为个体完全不用担心商品会出现短缺，整个城市乃至人类社会都会有条不紊的运行。而达到这一切的动机是每个个体在追求自己利益，在争取个人的利益的过程中，个体与其他人一起协作组成了经济系统，最终整个经济系统得以平稳运行，实现了整体的最大利益。这个过程，很好地体现了人类经济系统中所存在的涌现现象。亚当·斯密的一段经典的话描述了这个过程，也再现了人类经济系统的运行："他关心的只是自己的利益，在这种场合下，像其他场合一样，他受一只看不见的手的支配，达到了一个并非是他本意的目标"。在这里，"看不见的手"显然作为一种系统的涌现行为，在宏观层次上表现出了微观个体所没有的性质，达到了微观个体没有刻意为之的目标。

经济系统具有明显的层次性。从个体层次到组织层次（公司），从组织层次到市场层次（单个市场），从市场到国家层次（整体市场）、区域经济（跨国区域）、世界经济层次都会有各自的特征和涌现性。不同的层次之间和相同层次之间会进行物质、信息和人员的交流和互动，这些交流和互动使得经济系统的行为更加复杂，各种涌现性的临界条件也更加复杂。

人类的经济系统除了在结构上表现出明显的层次性和涌现性之外，在运行过程中也会表现出丰富的涌现性。例如，在产品市场中，某一个产品忽然销量大幅增加、股市毫无征兆地忽然出现暴跌等都是涌现现象，其中以 1987 年美国股市的忽然大跌最为引人注目。1987 年 10 月 16 日（星期五），在毫无征兆的情况下，纽约道琼斯工业平均指数当日下挫 5%，引发了全球股市的全面下泻，下跌趋势持续了一个月左右。整个 10 月，全球重要股市下挫均超过 20%，引发金融市场恐慌，随后全球经济进入了一个经济衰退周期中。很明显，这种毫无征兆的下跌行为是股市中的一种涌现行为，股市的参与者在系统达到涌现临界状态之后迅速引发了股市崩盘式下挫，并传导至全球各大股票交易市场。我们暂且不讨论股市下挫和经济衰退、经济危机的关系，我们关心的是股市为什么会在毫无征兆的情况下迅速下挫，进而引发崩盘式的金融市场全面下挫。这些引起崩盘的原因可以在未来及时地预防经济系统出现突发性的风险，因此研究涌现现象的临界状态是非常重要的。

## 第二节　网络科学理论

网络代表了事物之间相互关联的一种模式，从广泛的意义上来说，由链接以及链接（link）所联系来的一些实体组成了网络。网络在我们的生活中是普遍存在的，而不仅仅是人们日常所理解的互联网。我们身处的社会网络，是由人以及人与人之间的社会关系组成的，这些社会关系包括朋友、同事、同学、师生等。在这个社会网络中，几乎每个人都认识超过一百个人，社会关系将人联系起来，组成一张庞大的社会网络。在通讯技术、交通技术不发达的时代，社会网络受到地理环境的极大制约，但是随着交通技术和通信技术的进步，社会网络发生着剧烈的变化，网络的复杂性逐渐增强，网络行为和网络动态越来越复杂，网络对人们日常生活的影响也在逐步增大。

我们日常获取信息的传播途径也具有类似的网络结构。传统的信息传播呈中心辐射状，中心点是一些高质量的内容生产商比如出版商、新闻社，信息由这些中心点控制的一些传播途径进行传播。但是随着网络媒体的兴起，目前出现的网络化趋势逐渐打破了传统内容生产商的垄断，信息来源逐渐多元化，信息传播逐步朝向网络化的方向发展。

在我们的技术系统和经济系统中，参与的主体逐渐变多，互动越来越频繁，形成复杂的网络结构。在工业技术革命之前，人类的生产力发展较为缓慢，生产力水平较低，整个社会的经济活动并不活跃；同时囿于交通技术和通讯技术，大量的人口被束缚在土地上，人与人之间的联系较少，联系的频率也较低。这种情况在工业革命之后，特别是第二次世界大战以后，有了巨大的变化。一方面，伴随着新能源、电力、新材料等技术的进步，整个社会的生产力水平迅速提高，社会生产在向机械化大生产迈进，整个社会的经济活动空前活跃。另一方面，随着通讯技术和交通技术的革新，特别是互联网的出现和航海、航空技术的进步，全球范围内人与人之间的联系、物资运输的成本迅速降低，极大地扩大了人们经济活动的范围。在此背景下，经济全球化浪潮席卷全球，全球经济网络越来越紧密地把每一个人都联系起来。这样的变化具有极其深远的影响。一方面，这些复杂的网络以及网络内部的互动使得我们认识网络运行的规律的难度越来越大，预测系统未来发展变化也变得越来越困难；另一方面，调整这些复杂网络系统的风险也越来越大，一些局部波动可能通过网络结构传播开来，造全局性的问题。

日益复杂的网络给现代社会治理和经济活动带来不少亟需解决的问题。造成这些问题的原因，一方面是由于网络的复杂性，使得问题难以理解和把握；另一方面则是因为这些网络规模巨大、由各种具有复杂关系的个体成分组成的网络结构，在以一种完全不同于过去的、难以预知的方式作用于整个社会，社会对此缺乏明晰的认识。

## 一、网络中的节点和链接

节点和链接是网络的两个组成部分，节点和链接的结构和性质决定了整个网络的性质和动态。节点代表了网络中的参与实体，具有不同的种类、属性和层次。节点与节点之间的联系和互动的种类、数量、频率、方向、属性等是整个网络复杂性的结构基础。链接表示两个节点之间存在客观的联系和互动，链接的性质、链接的空间分布、链接的方向、链接的强度等直接包含了网络的结构、动态等复杂信息。节点和链接组成了网络，也决定了网络的行为和动力学特性。网络结构决定了网络的系统特性，也决定了网络在面对内外的波动和冲击时的总体表现。网络节点的增减、网络链接的建立和撤销、节点属性的变化、链接性质的变化等都会给网络带来各种各样的影响。其中有一些变动会在网络中传播和扩散，对网络结构和网络发展造成巨大的影响，这些变化需要我们特别加以注意。

## 二、具有网络效应的网络

### （一）网络效应的定义和分类

网络效应是指当某一个产品或者服务在新增加一名用户时，原有的产品或者兼容产品用户的效用会随之增加的现象。在我们的经济系统中，很多技术、标准或者产品的使用者需要与其他用户交互，例如电子邮件、语言、电信标准、铁路车轮的宽度、社交网站、电子商务网站等，这些交互过程中都涉及网络效应。在存在网络效应的情况下，产品网络的整体价值会随着用户规模的增加而迅速增加。因为对于潜在的新增用户来说，现有的网络中的每一名用户都能给他带来潜在的益处，而且网络的规模越大，这种益处也会越大。

网络效应实质上是一种外部性。按照外部性的性质，可以将网络外部性分为积极外部效应和消极外部效应。积极外部性效应是指网络规模增长过程会给网络的用户带来额外的正收益，而且这种收益是一种外部性。比如随着社交网站的用户数量的增加，每一名用户所潜在能够联系的用户也在增加，网络的内容会更加丰富，网络也会更加活跃，这都会大大提高所有用户的福利水平。而消极外部效应是指随着用户规模的增加，每新增一名用户都会减少原有的用户的效用水平。最为典型的消极外部性效应的例子是，交通拥堵的道路的福利问题。当交通道路超过其固有的承载极限之后，每新增一名道路使用者，都将会增加道路拥堵程度，降低道路通行效率，产生负外部性，影响所有的道路使用者的福利水平。

按照用户受益的方式可以分为直接网络效应和间接网络效应。其中，直接网络外部性是指用户在网络规模扩大的过程中可以获取直接的益处，比如社交媒体和社交网络。而间接网络效应是指网络中的个体不直接受益于网络规模的增加，而是受益于网络规模增加带来的其他收益。比如在电子商务平台上，随着买家数量的增加，平台市场上会出现更多的卖家，从而增加了买家选择的空间，客观上提高了买家的收益。

### （二）网络效应的影响

具有网络效应的商品网络或服务网络的增长具有独有的特点。这些产品和网络在营销推广和市场竞争过程中需要独特的策略。以社交网站为例，社交网站具有很强的互动性，通过社交网站人们可以发布状态、与朋友聊天、分享照片、视频，参加一些网上的公共的活动。社交网站用户规模的增长过程具有独有的特点。早期用户作为初始用户，加入网站的收益要小于后来参与者，因为后者互动的潜在用户规模更大，获得收益更多。为了鼓励用户使用网站，网络的经营者需要对初始用户进行补贴、实施免费甚至赠送礼品的推广策略。当用户规模超过一定的数量之后，即达到网络增长的临界值，新用户的收益将足够大，此时网络规模将会自发地迅速增加。

具有网络效应的产品之间的竞争也有一定的规律。多个具有网络效应的功能相似的产品、标准或者服务之间开展竞争时，争取用户规模至关重要，甚至比“做出最好的产品”这一点更加重要。当一个产品的用户规模率先超过网络增长的临界之后，无须大量投入，它也会自发增长，迅速吸引更多的消费者，并大大降低其他的产品的吸引力。在其他条件相差不大的情况下，最终先达到临界用户规模的产品将独占市场。

具有网络效应的网络中存在幂律分布、正反馈效应和富者愈富的现象。在自然科学中，以钟形曲线为主要特征的中心极限定理具有重要的地位，但是应用中心极限定理最关键的前提假设就是独立的随机事件，这在具有网络效应的产品网络中往往是不具备的。网络效应使得人们做出决策时会考虑现有的产品用户规模等条件，最终使得用户分布呈现出幂律分布。幂律分布是指网络中拥有 $k$ 个用户的产品近似与$\frac{1}{k^c}$成正比。其中 $c$ 为常数，表示了幂律分布的参数，幂律分布揭示了社会网络中存在的主导性规律。

正反馈效应是指有网络效应的产品或服务网络中，领先的产品和服务在未来的竞争中会更有优势，获得更大的成功。正反馈效应和“富者愈富”现象具有一定的相关性。“富者愈富”现象具有一定的不可预测性，因为一个产品的流行会强烈地受到反馈效应的影响，表现出固有的不可预测性。

## 三、经济系统与复杂经济网络

从网络化视角来看，经济系统是由一系列的节点和链接组成的。其中，个体作为最基本的节点，是整个经济系统的基础。经济系统中的每个人拥有一定的资源，也拥有一定的智力和劳动能力，在社会经济活动中与其他个人进行协作和分工，参与生产活动，并在随后进行分配、交换活动。同时作为个体的人会在生产活动中与其他个体组成组织作为最基本的个体与其他组织或者个人进行互动。

而社会经济网络中的链接是指个体与个体之间的分工、协作、分配、交换等活动中建立的联系。链接代表了节点之间的联系和互动，按照链接发生的时间和频率可以分为临时链接和长期链接。组织内部的链接较为稳固，可以看作长期链接。主体之间的交易和互动过程大部分比较短暂，是暂时性的交易和互动过程，可以看作临时链接。在模拟的过程中要仔细分析，抓住模型中的重要的节点和节点之间的关键链接，用网络化思维去指导模型的构建过程。

## 第三节 基于主体建模技术

基于主体建模技术是一种以复杂自适应系统理论为指导思想的建模技术，用于描述和研究复杂系统的运行规律。

### 一、主体（Agent）的主要特征

主体（Agent）是ABM中最重要的概念。因此厘清主体的概念并认识主体的特征是研究的基础。但是主体目前还没有明确的定义，因此本书根据已有的文献，提炼出主体应具有以下的特点。

（1）主体是自治的（Autonomous）和自我导向（Self-directed）的，一个主体可以在其环境中独立行动，并与其他主体互动。自治主体意味着当系统开始运行之后，不需要进行人为的干预。自我导向是指主体有自己的行为目标、行为规则、资源、计算能力，通过与其他主体进行互动，共同驱动系统的运行。

（2）主体是模块化的和自我包含的。个体是系统最小的功能单位和组成元素，是整个系统结构的基础、系统功能的实现途径。在系统内部，主体是可识别的独立实体，是拥有一系列属性、行为规则和自我决策能力的个体。主体与其他主体以及更高级别的层次结构相比，具有明显的边界和独特的功能。其中模块化特性具有两方面的含义，一方面是指主体是具有明显边界和功能的独立的单位；另一方面是指在具体的ABM方法的实现过程中，主体作为一个"黑箱单元"，其运行逻辑是内部化的。

（3）主体是社会化的，与其他主体时刻保持互动。在现实的经济系统中，人、各种组织之间存在大量的互动，这些互动包括分工、协作、信息的传递、贸易、社会网络的建立、组织结构的建立和消灭等。主体在这些互动中收集和获取市场信息、单独的或者成为组织（公司）的一员参与市场、做出各种决策、学习并积累新的知识、不断修正自己的互动策略。在ABM方法中，系统中的主体与其他主体有一套互动的机制，主体可以通过这些机制与其他主体进

行协作、沟通和贸易。通常的互动协议包括空间争夺和避免碰撞、主体识别、通讯和信息交换，以及其他系统需要的机制。

（4）主体与环境相关密切。主体是生活在特定的环境当中的，为了获取最大的利益，其行为也必须适应当前环境。在很多情况下，主体之间是竞争关系，为了获取利益，主体决策必须考虑对手的决策，因此主体之间会存在博弈。主体之间的这种社会化的互动形成了当前的宏观经济特征，而这些特征对于个体来说就是外部的经济环境，会反过来影响主体的决策。这意味着，主体的行为依赖于其他主体的决策以及当前环境。

（5）主体拥有驱动其行为的明确目标。这个目标可能是具体的量化指标，也可能是相对的标准，比如效用最大化、利润最大化等。这些目标是主体衡量每一次决定和行动的标准。主体连续地将其决策产出和目标进行比较，为以后主体通过互动和学习改变其行为提供了可能性。明确的行为目标或者标准是主体学习和进化的基础。

（6）主体可能会拥有根据其经验进行学习和适应的能力。个体学习和适应需要主体拥有记忆能力和计算能力，通常记忆能力是以主体的动态属性的形式存在，而计算能力是以主体的一系列的动态决策方法为基础存在的。

## 二、基于主体建模流程

### （一）建模的策略

模型的准确性和复杂性之间存在矛盾。为了获取较高的准确性，系统需要很多的描述信息、考虑主体的内部特性和环境信息，详细准确地描述主体异质性和主体之间的互动。而过度地要求详细和准确将极大地增加系统所需要处理的信息量，增加处理的复杂性和难度，从而增加建模的难度。越接近真实世界，模型所需要描述的变量越多，主体之间的互动越复杂，模型的复杂性就越高。而模型越简单，忽略的信息就越多，模型的准确性就越低。因此模型的准确性和复杂性是一对矛盾，好的模型需要在准确性和复杂性之间获得良好的平衡。

基于主体建模有两个策略：一个策略是从最简单模型开始，逐步将其变复杂、具体，这就是所谓的 KISS（Keep It Simple，Stupid）原则。实际上，KISS 原则是奥卡姆剃刀原则（Entities must not be multiplied beyond necessity）的变形，去除一切不必要的细节，仅保留与逻辑和系统运行有关的主要信息。在 KISS 原则下，第一步，从系统最基本的同质性主体、简单互动模式、同步决策、无学习进化等特征开始，搭建最简单的模型框架，并使其能够运行起来。第二步，根据实际经济系统中的情况，增加必要的主体异质性、互动、不同的偏好等特性。第三步，从整体上对系统进行梳理和把握，去除不必要的功能和特性，力争使系统达到最简，同时又能抓住系统运行的主要信息，反映经济运行的实际规律。

另一个完全不同的建模策略是 KIDS（Keep It Descriptive，Stupid）策略。KIDS 建模策略是先建立一个尽可能准确的模型，然后尽可能地去简化它。这个建模策略与 KISS 策略的建模方向是相反的。该方法在建模开始要尽可能多地将所有的细节都加入模型当中，尽可能多地反映系统运行的各种信息。在这个基础上，逐步精简，去掉不必要的信息和过程，使系统在准确性和复杂性之间取得一个平衡。

在实际的研究中 KISS 策略更加符合人们的认知模式，由简单到复杂，由低级到高级。因此本书采用 KISS 建模策略进行建模，因为从简单到复杂，从低级到高级更符合人们认知和学习的规律，同时在程序开发方面也更加易于操作和实现。

### （二）基于主体的网络化建模

建模的过程是用计算机构建和表达经济系统的运行过程和运行规律的过程。经济系统的运行过程和其中所隐含的运行规律是经过长期演变形成的，具有层次性、复杂性等特性。网络化建模是指建模过程中，将经济系统中的个体以及由个体组成的经济组织作为网络中的节点。将系统中个体之间长期的联系或者短期的互动分别看成链接，同时，将节点和链接抽象化、封装为主体和方法的建模方法。

建模的过程中应遵循以下几个原则：第一，抽象性原则。抽象性原则是要抓住主体的主要特征，撇开那些次要的性质，将主体以及主体之间的网络联系抽象出来，并用计算机程序表达出来。第二，封装性原则。封装性原则要求建模的过程中将主体的特性和主体的一些策略性活动封装起来。对于外界来说，封装良好的主体节点是一个“黑箱”，主体是具有一定功能和属性的独立功能实体。第三，层次性原则。层次性原则有两方面的含义，一方面，节点与节点具有不同的层次性，节点组成特定的组织，作为更高层次的节点与不同层次的节点互动；另一方面，链接也有一定的层次性，短期的临时链接和长期的稳定链接具有明显的层次，同时，不同层次的节点之间的链接也会有质的不同。

## 第四节　本章小结

本章对全书所涉及的基本的理论做以简单的归纳和总结。复杂自适应系统理论是系统科学的新进展，对于我们认识和研究复杂系统具有非常重要的指导意义，本书的研究是以复杂自适应系统理论为基础开展的。从经济系统发展过程中也可以看出，推动经济系统向前发展演化的动力，表面上是科学技术，但是实质上，在科学技术的背后是人的适应能力、学习能力。从一定意义上来说，经济系统进步的来源也是人类的适应和学习能力。适应性使得我们能够对周围的自然环境和社会环境的变化做出反应，而学习使我们不断地积累过去获取的知识，并在积累的基础上有所创新。在这两个因素的作用下，人类的适应性最终造就了经济系统的复杂性。复杂系统的一些特性，诸如复杂性、层次性、非线性等，是我们认识和处理涉及经济系统的相关事务时的最大障碍，而采用简单的还原论或者线性思维，最终都会给我们带来问题和麻烦。

网络科学理论是我们建模的指导思想之一。随着人们越来越多地参与经济活动中，经济活动中的网络化特性日益增强。运用网络科学的相关理论指导我们研究经济系统将会为我们提供独特的研究思路。以节点和链接的抽象思维方法将使我们的建模过程更加简洁、准确，更好地贴近和体现经济系统的运行规律。基于主体的建模方法（ABM）是我们研究商品房市场的主要建模方法。ABM 是一个完全不同于以往的研究方法，它采用自下而上的研究思路，从模拟每一个参与经济活动的个体入手，将个体之间的互动和博弈作为整个经济系统运行的基础。个体的局部的、分散的行为和互动最终汇聚成宏观的、全局的特征，比如价格形成和波动、产业的兴衰、市场交易量的变化等。在研究过程中，我们以复杂自适应系统理论作为研究的指导思想，将网络科学理论和基于主体建模的方法结合起来，提出了基于主体的网络化建模方法，并以商品房市场为例，建立一个商品房市场的模拟模型，研究商品房市场的运行规律。

# 第三章 基于主体的网络化建模概念模型

本章是全书的主体部分，首先对基于主体的经济模拟系统的研究情况进行概述，然后以商品房市场为例，提出了一个基于主体的商品房市场网络化建模概念模型，在建模的过程中，对主体学习方法进行了总结，对原有的算法进行了改进。

## 第一节 基于主体的经济系统模拟模型相关研究

### 一、现有的基于主体建模的经济学模型研究概述

在经济政策研究和实践中，无论对于研究者还是政策制定者来说，合理地解释经济运行的过程、准确地预测经济政策的短期和长期效应都极为重要。但是经济系统的复杂性使得这一目标充满各种挑战，难以达成。经济系统的复杂性重要的来源之一就是各种个体、组织之间的各种各样的紧密联系和相互作用。比如个体与个体之间、个体与市场之间、市场之间的复杂联系。其中对于政府的财政、金融政策影响最大的是不同市场之间的紧密联系和影响，例如信贷市场、金融市场、实体经济部门之间的复杂作用。

宏观经济政策在社会经济运行过程中发挥着重要的作用。大到经济体制、财产制度等制度性问题，小到税收、福利等体系的建立和维护，都对整个社会的民众的福利水平具有重大的影响。而这些政策的作用效果、他们之间的互动情况以及这些政策的作用在不同情况下的表现都是极其复杂的问题。在传统的经济学模型中，并没有很好地阐述这些市场之间的作用机制。决策部门在寻求相关的决策辅助工具时往往会陷入没有工具可用或者仅有极其简单的工具可用

的窘境。2008 年全球经济危机发生之后，各国的决策者们在制订应对方案时发现，传统的经济模型并没有将危机背后的机制说明清楚，现有的经济学模型既不能在危机发生前预测出危机，也不能在危机后为政策制定提供准确有效的建议。欧盟央行的主席让·克洛德·特里谢（Jean – Claude Trichet）在 2010 年的一次会议上的讲话中批判了传统宏观经济理论应对危机的局限性："当危机到来时，现有的经济和金融模型的局限性马上表现出来，套利在很多市场部门中都失效了，市场因为参与者之间的巨大恐慌而冻结。宏观经济模型没有成功地预测出危机，同时也难以用一种令人信服的方式解释经济体系中发生了什么。[①] 在这场危机中，作为一个决策者，我发现目前可用的模型能提供的帮助很有限。实际上，我的感觉更糟糕，我们觉得（在这场危机中）被传统工具抛弃了。"实际上，纵观 2008 年金融危机以来各国的财政金融政策，依然具有浓厚的凯恩斯主义风格。让·克洛德·特里谢认为，从 2008 年的危机中获得的一个重要的教训就是：政策制定者应该认识到仅仅依赖于一种工具、方法或者范式的危险性，决策者决策时必须博采众长，从不同的理论和方法角度来认识、理解和研究经济问题，必须培养一个充满争论和多样性观点的环境来维持学科的活力。

现有的经济理论的最大问题就是难以模拟和研究异质性个体的微观行为，而这些行为在危机时期至关重要，因为这些危机时期的微观行为聚合产生了宏观的经济危机。为了理解危机的过程，我们需要更好地处理异质性主体和异质性主体之间的互动和博弈（Diamond P、Vartiainen H，2012）。基于主体建模的计算经济学正好可以在这方面弥补传统的宏观经济学研究方法的缺点。因此，将 ABM 方法引入经济学研究当中具有两大优点，一方面可以弥补经济学研究方法的不足；另一方面可以丰富经济研究方法的多样性，让政策制定者可以从多个角度来研究当前的经济问题（王国成、高德华，2023）。与其他的成熟政策工具相比，ABM 方法还是政策工具箱中的新成员。虽然有众多机构的研究者在这个领域付出了大量的努力，ABM 依然不够成熟。然而现有的研究

① 2010 年 12 月 18 日，召开于法兰克福（frankfurt）的欧洲中央银行会议，欧洲中央银行主席 Jean – Claude Trichet，发表讲话"Reflections on the nature of monetary policy non – standard measures and finance theory"，具体参见 http://www.ecb.europa.eu/press/key/date/2010/html/sp101118.en.html。

已经从多个角度说明 ABM 方法可以给我们新的研究视角和新的洞察力，其作为现有研究方法和模型的补充，具有巨大的潜力（王雪梅，2021）。

自 ABM 方法诞生以来，基于主体的计算经济学研究方法的思路被应用于研究不同的市场，取得了大量的成果。这些研究都是将宏观经济动态作为微观主体互动汇聚的结果，但是不同的研究有不同的侧重点。Lettau 首次明确提出构建人工主体研究经济现象的研究思路。他构建了具有学习能力、有限理性的主体，利用这些主体之间的互动来分析金融市场的运行情况，模型拟合共同基金，取得了较好的结果（Lettau M，1997）。Lettau 提出的一些方法和遇到的问题至今依然具有借鉴意义。Gode 和 Sunder 研究了主体的智能对于产生各种结果的意义，他们试验了零智力、完全随机的行为主体，在双拍卖市场中的表现。研究表明，在大部分案例中，有学习算法的主体的资产配置效率超过 97%（和实际市场的效率相类似），完全随机的交易者的分配效率在 50% ~ 100%（Barr JM，et al.，2008）。

Arifovic 利用 ABM 方法研究外汇市场，他构建了一个以遗传算法为基础的学习环境，研究世代重叠模型中两种货币的自由贸易、灵活交易的汇率系统中的遗传算法（Arifovic J，1996）。在遗传算法学习中，模型的均衡点不是固定的，而是在一定的区间内部变动的。Arifovic 的研究结果中呈现出了一些其他的学习算法不能复制的试验结果（Arifovic J，Gencay R，2000）。Routledge 将不确定性和信息纳入 ABM 方法中，用来研究金融市场中有成本的信息和学习过程。Routledge 的研究表明，有关主体学习的研究是一个非常复杂微妙的领域，主体学习对系统的变化具有重要的影响（Routledge B，1994）。

Santa Fe 股市模型是一个非常具有开创性的人工市场项目，由 Holland、Arthur 和 LeBaron 等主导，该项目尝试将市场交易机制与一个基于分类的学习系统结合起来（Arthur WB，et al.，1996；Lebaron B，et al.，1999）。模型中的主体是短视的（Myopic）、风险厌恶的，拥有常数绝对风险厌恶（CARA）效用形式，主体必须在一个无风险的债券和有风险的股票之间配置他们的资产组合。其中，无风险债券无限供应，具有固定收益。与常规的经济模型不同之处是，该项目利用一个分类器，将主体的个体期望水平汇聚成为整个经济体的相关经济指标。反过来，这些经济指标将影响价格和分红预期，最后会影响股票的需求函数。模型中的分类器（Classifier）来自霍兰德的条件－行动分类器

(Holland, 1975), 也称为条件－预测分类器。这个分类器将当期状态信息映射到未来的条件预测中，其中预测的内容包括价格和分红。而当前的市场信息被抽象为一个比特串，每一个主体拥有一个分类规则集，该规则集由“1、0、#”三种符号组成，其中“0”和“1”代表了当前的状态向量，而“#”是通配符，代表了任意状态。标准的分类器系统将会根据过去的表现，决定哪一种规则是最有效的，并根据这些规则推荐最优的行动策略。分类器会根据预测的结果调整不同规则的优先级，并选择最佳的策略进行预测。主体会每间隔平均 K 期更新一次预测规则集，规则集中表现最差的 15% 的规则将会被删除，并用新的规则替换，新规则采用遗传算法的标准的交叉和变异策略产生。研究者利用该模型模拟美国股市，产生了丰富而有经济意义的结果，具有划时代意义。Santa Fe 的股市模型允许主体在广泛的决策规则之间进行选择，主体可以灵活地选择使用或者忽略不同的信息。主体之间的互动是内生的，这些互动形成了市场波动。同时，互动的规则也是内生的，并非来自市场之外。

在 GiovanniDosi 等的研究中，模型由两个部门组成，一个部门是研发部门，生产异质性的资本产品；另一个部门以资本产品和劳动作为投入，生产同质化的消费产品。政府用征收的所得税建立并维持一个失业保障福利系统，模型可以产生一系列的典型的经济现象，比如典型的经济增长路径、商业经济周期、宏观经济相关性和横截面分布（周佳伟，2021）。作者利用该模型分析政策的长期效应，比如刺激消费、促进技术进步的相关政策以及这些政策之间的相互作用（Dosi G, et al. , 2006）。Domenico Delli Gatti 等的 ABM 研究关注信贷市场是否能扩大波动的幅度。模型的核心是一个信贷市场和一个同质化的产品市场。公司是异质化的，不同的公司具有不同的财务稳健性，它们调整资本存量以实现利润最大化，信贷供给则基本上模仿资本监管的需求进行管理。典型模拟结果表明，产出增长率和多种其他变量表现出与实际的经验分布相类似的结果（张亮，2017）。他们的研究以信贷关系为基础，找到了公司和银行、公司之间、银行之间的关系。这些研究对于我们认识金融体系崩溃的相关机制，以及探索银行和信贷市场监管政策的作用等都具有非常重要的参考意义(Gatti DD, et al. , 2007)。Gintis 关注于标准的瓦尔瓦斯经济的非均衡动态，其研究假定有一部分主体使用私人价格。模型分为几个部门，利用资本和劳动力生产不同的消费品，消费者具有异质的效用函数，并且根据效用最大化的原则做出消费决策，消费者做出消费决策时要考虑每一个产品生产部门的若干个生产者的产品价格信息。模拟结果表明，在主体采用私人价格的情况下，经济体会更稳定，并具有较小的波动性，外部冲击和市场结构的改变都不会降低这种内在的稳定性，但是如果一部分主体采用公共价格（public price），整个系统的稳定性将会下降，如果这一部分主体的比例特别大，将会出现价格迅速上升的现象，严重偏离均衡价格（Gintis H，2007）。

Mandel 等在 Gintis 的模型的基础上进行了扩展，添加了资本积累、产业内贸易、生命周期储蓄行为等特性，模型的名字是 Lagom。在模型中，一个政府主导的金融机构将会给新进入的企业和经营不善的企业提供贷款，除非它们因资不抵债而破产，同时这个机构也会管理所得税的征收并维护福利和社会保险系统的运行。在 Lagom 系统中，技术选择、房产消费、公司的市场势力、工资等都是由遗传算法决定的，不同部门之间的联系是由投入产出表决定的，投入产出表根据实际数据进行初始化，另外，一些主体的生产和投入的决策过程是基于规则的。模型证实了基于主体的建模技术模拟大规模的宏观经济系统的可行性。该模型的另外一个重要的扩展是加入了空间属性，并加入了一个表示污染值的属性，用来表示经济活动所释放的污染。这个扩展可以研究不同的经济政策对当前环境的污染状况（Ballot G，et al.，2014；Wolf S，et al.，2013）。Lengnick 的 ABM 宏观经济模型比较简约，它将公司和居民用临时的固定网络连接起来，工资和价格根据随机过程进行调整，工厂用劳动力生产产品，并且生产技术是固定的。模型中没有政府，模型验证了通过互动主体自下而上地建立模型可以重现经济系统中的一些重要的典型模式（Lengnick M，Wohltmann H，2013）。

以上是近年来有关基于主体建模的经济研究的重要进展。这些都是部分市场研究，没有涉及模拟整个经济系统，或者模拟研究不够具体和深化。在大型的区域或者经济体的模拟方面，迄今为止最大也是最成功的两个 ABM 方法应用实例是美国桑塔菲研究所开发的 ASPEN 系统和欧盟开发的 Eurace 系统。在此之前，不存在通用的基于主体建模的经济模拟系统供学者在其各自的专门领域进行政策研究。其中 ASPEN 是最早的模拟大型经济体的多智能主体模拟系统，模拟了整个美国市场的经济运行，是基于主体建模研究当中最重要也是最典型的应用，给之后的研究带来很大的启发和鼓舞。EURACE 项目是欧盟组织开展的基于主体建模项目，模拟了欧盟的经济体，模型较为精细，获得了良好的结果。这些国外的成就是我们研究的基础，给我们很多有益的启发，下面对两个系统进行详细的介绍。

## 二、欧盟的 Eurace 模拟系统

### （一）Eurace 项目的有关情况①

Eurace 项目是欧盟资助的基于主体的宏观经济模拟平台研究项目，意在建立一个宏观经济经济政策研究平台，研究欧盟内部一些政策的制定和实施的相关问题。Eurace 项目的全称为："An agent - based software platform for European economic policy design with heterogeneous interacting agents: new insights from a bottom up approach to economic modeling and simulation"，即基于异质性互动主体的欧盟经济政策模拟软件平台——来自"自下而上"的经济建模和模拟的新洞见。项目于 2006 年 9 月 1 日启动，由众多来自法国、意大利、德国等的经济学家和计算机科学家组成的项目组共同承担，参与者还包括 2011 年诺贝尔经济学奖获得者约瑟夫·斯蒂格利茨（Joseph Stiglitz），项目于 2009 年 8 月 31 日完成。

Eurace 模型与欧盟使用的其他政策工具有明显的不同，比如它有别于欧洲央行和欧洲经济和金融事务委员会（ECFIN）使用的动态随机一般均衡模型（DSGE）。DSGE 等模型难以处理空间结构、企业和家庭的异质性等方面的特性。比如 ECFIN② 对欧盟委员会有很多政策建议，而这些建议的模型都是简单地建立在两个国家三个部门的基础之上，缺少更加合适的空间维度和差异化的工人技能等一系列的政策相关变量。

通过建立一个宏观经济模型，Eurace 项目将这些问题在计算机模型中模拟出来，以此来寻求相关问题的答案。这个项目的目标有三个方面：科学方

① 部分材料来自 Eurace 官网。

② Directorate - General for Economic and Financial Affairs，经济和金融事务局。

面、技术方面和社会领域。在科学方面，Eurace 认为项目的实质是学习并建立多主体模型，通过异质性主体之间的互动形成的涌现现象来重现宏观经济系统中的一些经济现象。其目的有两个：第一，建立一个创新性的系统，为通过基于主体的计算经济学方法研究宏观经济运行规律提供一个工具；第二，将世界经济系统的相关规律看作是由异质性主体组成的互动主体所表现出的涌现性，为研究经济规律提供新的视角。在技术上，Eurace 采用高级软件工程学技术，为大规模的基于主体的经济模拟开发一个强大的软件平台。从技术角度来说，模型开发的关键问题有以下几个方面，一是如何定义建模的语言，优化模型的生成；二是开发规模可变的、灵活的计算模拟工具；三是如何进行数据标准化工作，以便于模型的人机交互。从社会的角度，针对欧盟经济体的基于主体的模拟平台软件将对欧盟的经济政策设计产生重大的影响。

### （二）Eurace 项目的特点

Eurace 的研究方法深受 Epstein 和 Axtell 等的启发，Epstein 等尝试通过自下而上地构建人工社会模型的方式，来解释一些社会经济现象（Epstein JM，1999；Epstein JM，Axtell R，1997）。欧盟的研究人员认为，Eurace 首次成功地建立一个完整的、包括真实经济体中主要市场和经济机制的模拟项目，在 ABM 方法研究中具有开创性（Cincotti S，et al.，2010）。Eurace 最重要的两个特点是有限理性（Bounded rationality）和市场的微观结构（Market micro - structure）。以下对 Eurace 的主要模型设定和模型的主要特点进行总结①。

1. 主体的数量和类型

Eurace 的主要目的是研究异质性主体的本地互动，并分析这些互动如何汇聚、涌现成为宏观的经济现象中的一些典型的特征。基于这个考虑，Eurace 平台被设计成能够容纳大规模主体（百万级），并且规模可以调整，以便于执行大规模的模拟。见表 3 - 1。

---

① 本部分参考 Eurace vision document 中的部分内容。

表 3-1　　Eurace 中的主体和市场以及它们的作用

| 市场 | 家庭 | 企业（CGP） | 企业（IGP） | 银行 | 政府 | 中央银行 |
|---|---|---|---|---|---|---|
| 劳动力 | 工人 | 雇佣者 | 雇佣者 | — | — | — |
| 消费品市场 | 买方 | 卖方 | — | — | — | — |
| 投资 | — | 买方 | 卖方 | — | — | — |
| 信贷市场 | 储蓄者 | 借贷者 | 借贷者 | 出借方 | — | 监管方 |
| 金融市场 | 投资者 | 买方 | 卖方 | 投资者 | 债券发售 | 监管方 |
| 公共部门 | 纳税者 | 纳税者 | 纳税者 | 纳税者 | 收税者 | — |

注：CGP = 消费产品生产者（consumption goods producer），IGP = 投资产品生产者（investment goods producer）。该表来自 modeling guidelines for Eurace。

2. 空间结构和局部互动

Eurace 模型中加入了空间结构，模型中的主体仅与局部的主体进行互动。研究者认为这是基于理论、实证和政策相关的考虑。从理论角度来说，空间上明确的局部互动结构是 ABM 方法中最引人瞩目的特性；从实践的角度来说，则是欧盟的实际情况的需要，因为欧盟诸多成员国之间从产业层次、经济活动或者财富分布都有显著的不同；而在政策层面，欧盟许多的政策涉及不同的国家和地域，比如贫困地区资金的转移，区域性劳动力市场政策、土地利用政策等。

在 Eurace 中，每个个体都有一个坐标（$x$，$y$），模型中的主体产生的信息都有一个有效距离，这些设定可以允许模型灵活地模拟本地或大范围的主体互动。同时，系统设定也允许主体进行迁徙，使得模型具有很高的灵活性，可以进行主体的地理迁徙研究、社会演化、交易和社交网络研究、传染效应等方面的研究。

3. 市场互动

Eurace 中的市场互动分为不同类型，有局部的互动、全局互动、具有中心的市场机制和无中心的市场机制。主体在市场互动中的决策时间是不同的，根据实际经济体中的实际情况来决定。主体的金融决策周期较短，以天为单位，而消费或者生产的决策周期可能长达一周、一个月或者一个季度。系统另外一个特点就是异步决策，这一个特点与现实经济活动中人们的决策情况相似，其实现途径是让主体拥有不同的活跃时间段，在某个市场中，不同的主体拥有不同的活跃时间段，但是有一些互动是同步进行的，比如年度的收入缴纳、每个月的工资收入等。

4. 市场政策外生化

作为一个模拟经济和政策的工具模型，政治和金融决策机构没有被包含到系统当中，作为最终用户之一的欧洲央行不希望自己作为内生变量，因为Eurace的目的并不是预测欧洲央行的行为模式，而是研究不同的主体对央行政策的反应。

5. 市场协议

市场协议是规定市场如何运行的一套规则体系，Eurace模型的市场协议来自现实经济运行方式。对于消费品市场来说，所有的消费者-公司之间的互动都是通过本地的商店来进行的，家庭每周采购一次，这些都紧密地模拟了实际经济运行过程。同时，市场协议还用于捕捉一些市场阻力，比如市场搜寻、匹配、市场波动的情况下市场预期的形成等，这些情况在产品市场和劳动力市场都十分常见。

产品市场运行过程受本地搜索和匹配协议的驱动，这个过程与一个失业工人搜寻并匹配一个工作岗位的过程相类似。而Eurace中的金融市场由两个协议主导：清算所协议（clearinghouse）和限价订单簿（limit-order book），现有的大多数电子交易系统都使用限价订单簿。在欧洲，股票市场使用限价订单簿协议，或者场内交易协议。但是一些流动性不足的股票或者较小公司的交易仍然采用清算所协议，政府债券的交易方式通常是拍卖。

对于信贷市场来说，Eurace使用一种公司-银行网络互动机制。企业可以向最多n家银行申请贷款，其中n是一个模型参数，代表了企业在信贷网络中的地位和信贷能力。

### （三）Eurace项目中的政策模拟

Eurace关注于可以实现的政策模拟包括货币政策、财政政策等。在货币政策模拟方面，Eurace具有巨大的优势。在实际的政策实践领域，欧盟是一个具有很大空间跨度的经济体，为其设计一套货币政策是极其重要而复杂的，这也是欧元区货币政策面对的主要问题，Eurace模型充分考虑了欧洲央行和其他央行的通胀控制目标。现在许多央行采用的经济模型均为新凯恩斯动态随机化一般均衡模型（new – Keynesian dynamic stochastic general equilibrium models），这类模型的特点是以时间依赖的价格黏性、围绕零通胀率的对数线性化的稳定状态的形式进行研究。现有的研究表明，这些模型仅能解释通胀效应对产出增长的一部分影响，以及一部分重要的经济运行特征，比如通胀的持续性（inflation persistence）。相比较而言，ABM 方法的一些独特优势可以使我们更好地研究通胀是如何影响实际经济活动的，比如适应性预期、由于非均衡造成的交易失败的协调、异质和独立的信念等。

财政政策也是 Eurace 模型重要的关注点。现代国家的政府行为都深受凯恩斯主义的影响，设计适当的财政政策以实现持续稳定的经济增长是众多政府所追求的目标。诸如收入分配、税负分配、支付转移等情况都必须被考虑在内。同时，在研究财政刺激政策的效果时，不论是长期效应还是短期效应都需要考虑产出水平和主体之间的收入分布的影响。

宏观经济稳定政策的相关研究。Eurace 模型中研究了多种冲击之下的财政货币政策对稳定经济的效果，特别是金融资产泡沫破裂、能源价格的通货膨胀等引起的冲击。其中金融资产价格泡沫的破裂被设定为内生冲击，而能源价格短期飙升（如石油危机期间的油价）被设定为外生冲击，一些旨在减少市场投机的政策也被纳入了市场模拟当中，比如托宾税等政策。同时，模型对于各种内外部冲击在经济体内部的级联效应（cascade effects）投入了大量的研究。ABM 方法允许研究一些异质性主体和主体之间互动等一些解析模型没有考虑的课题。因此，通过 ABM 模型我们可以研究一些针对一部分主体甚至针对单一个体的经济稳定性政策，这种建模技术也使我们可以评价不同的经济稳定性政策在不同的网络互动结构下的效果。

技术对推动经济发展有很大的推动作用，Eurace 对于创新性和国际竞争力有新的研究。国内或者地区性的创新系统受到众多因素的影响，比如劳动力受教育水平、公司的培训活动、公司开展研发活动的意愿和能力、公司获取金融支持的可能性、生产商和供应商关系、生产者和使用者关系、消费者对创新产品的态度等，许多问题都深受政府政策的影响，但是目前对这方面的研究还局限于一些案例研究或者定性推理，尚不存在基于模型的研究。Eurace 首次对一些相关的政策效应进行了研究，他们研究了政策对技术创新和竞争力的影响。

## （四）Eurace中的主体和市场

1. Eurace中的主体主要有居民（家庭）主体、公司主体、银行主体和政府主体

（1）居民主体

居民作为劳动力在劳动力市场上寻找空缺职位，对高于其工资期望水平的工作职位提出申请，雇主（企业）根据申请情况分配工作职位，工人根据雇主所能提供的薪资选择工资最高的职位。如果潜在雇主提供的工资高于现在雇主，工人将会按照一定的概率选择跳槽，如果找不到工作，工人会降低其工资期望，继续寻找合适的工作。

在Eurace模型中居民采用Deaton的生命周期平滑理论来进行储蓄和消费决策。居民在消费品市场上是消费者，根据其预算约束购买产品；在金融市场上是投资者，需要对资产配置做出决策。居民每个月决策一次消费预算，每周去购物一次，居民根据价格和质量信息在市场所提供的商品之间做出决策。而在金融市场，家庭主体决策如何更好地投资，在股票、政府债券和储蓄账号之间分配资金，当出清价格决定之后，居民更新他们的资产投资组合并将存款数额进行更新。这样的决策过程考虑了前文所述的行为规律以及某些重要的心理学理论。

（2）公司主体

公司在决定所需的劳动力数量之后，需要在劳动力市场发布职位空缺信息并决定招募或者解雇的人员。按照技能从高到低的顺序，选择招募的工人，按照由低到高的顺序选择将要解雇的工人，直到达到最终的人数需求为止。公司的金融决策过程中，首先会根据生产计划，对资金需求和内部资源进行核算，如果需要外部资金，会转向银行寻求资助，如果没有得到足够的资金，它可以到金融市场发行股票募集资本。如果公司从银行和金融市场得到足够的资金，它将继续其生产计划；如果没有得到足够的资金，公司将会修改其生产计划，利用内部资金进行生产活动。

（3）银行主体

银行的信贷是第一个外部资金来源，对于每一个申请贷款的公司，银行决定相关的信贷利率和信贷额度。具体供应的信贷量一方面与银行的信贷资金有

关，另一方面也与银行的资产风险情况有关。如果银行的资金情况符合巴塞尔协议的规定，则银行会全部供应贷款，如果银行面临资金短缺，则银行可以向中央政府申请临时的流动性帮助。而最低利率由中央银行决定，银行根据其在实际的活动中的收益来调节其利率。

（4）政府主体

政府作为市场监管部门，运营主体是政府官员，负责债券的发售，追求地区和国家各项问题的改善和经济效益的提升，政府对债券的补贴和税收优惠政策可以提升债券的发行，但是也与政府收入的减少进行权衡。

2. Eurace 中的市场包括产品市场、劳动力市场、金融信贷市场三类，分别为劳动力、商品和资本的交易场所或交易机制

（1）产品市场

Eurace 中的产品市场包括两个部分，一个是消费品市场；另一个是投资产品市场。投资产品市场中，投资产品生产商（Investment Good Producer，IGP）作为生产商和资本品的供应者；而消费品生产商（Consumer Good Producer，CGP）则是需求者。IGP 的投入要素有两个，一个是劳动力，另一个是能源，其中能源是外生参数。IGP 生产的产品是技术，其重要的一个参数是技术的质量，或者技术的生产率。CGP 的投入要素有劳动力和资本产品，CGP 生产消费产品供应市场。

（2）劳动力市场

公司以年度为决策周期，分别决定需要的研发岗位和生产消费产品的普通岗位的数量，并且伴随公司经营，每个月都会决定是否有新增的劳动力需要。居民主体每天都会寻找空缺的职位，劳动力市场按照一定的匹配算法对两者进行匹配。劳动力市场的特点是同时存在空缺职位和失业的工人，拥有较高劳动技能的工人将会收到较高的工资，同时比低技能劳动力有较低的失业率。

（3）金融信贷市场

在金融信贷市场，企业和家庭分别担任相应的角色。作为一个外生的变量，家庭投资者从公司获得税前和分红前的收益（Earnings Before Interests and Taxes，EBIT）。从银行的角度来看，每一天市场都在发挥作用，按照约定的周期，银行获得公司支付的贷款利息和分期支付款项。

## 三、美国的ASPEN模拟系统

### （一）ASPEN的基本情况

ASPEN（an agent-based simulation model of the U.S. economy）是美国桑迪亚国家研究所开发的基于主体的微观经济模拟模型，模型模拟了美国的经济运行过程。模型中细致地模拟了大量的经济个体，具有很高的建模自由度，模型运行在英特尔Paragon并行计算机上，模型中的主体代表了真实经济中的决策者，即经济学中过去指代的“经济人”。ASPEN具有复杂的信息传递系统，允许主体之间的通讯，这一设定来源于现实生活，主体可以进行更加复杂多样的互动。同时，ASPEN运用遗传算法来模拟主体的学习过程，主体在一系列的互动中学习和进化。

### （二）ASPEN中的主体及其行为模式

ASPEN由各种各样的主体构成，包括居民主体、公司主体和政府主体，主体的行为和行为规则都是模拟现实世界中的相应行为规则和模式。最初的ASPEN模型中一共有七类主体，如表3-2所示，随着该研究方法的不断发展以及所模拟市场或系统的不同，所选择的具体主体类型也不尽相同，这里介绍常用的几种主体类型。

**表3-2　　主体数量**

| 主体 | 数量 |
|---|---|
| 居民家庭 | 1000个 |
| 食品生产厂商 | 3个 |
| 其他非耐用厂商 | 2个 |
| 汽车生产商 | 2个 |
| 房地产开发商 | 2个 |
| 银行 | 2个 |
| 其他主体 | 各1个 |

（1）居民主体

居民主体是模型中数量最多的主体。居民主体通过工作获得他们的大部分收入，再将收入花费在四种消费品上，同时还会将一部分收入投入储蓄账户和投资账户。居民主体的工作职位来自生产商、金融部门、房地产部门、政府部门等，居民主体获得工作之后，雇主会持续支付薪水，一直到居民主体辞职或者被辞退。居民主体可以获得利息等投资收益，倘若处于失业状态，居民主体可以从政府领取失业保障。

居民主体每天消费四类产品，包括食品、其他非耐用产品、耐用消费品和服务。食物等非耐用消费品的消费量与家庭的规模成正比，主体需要决定在哪一家购买食品，根据各个厂商的价格做出购买决策，厂商的价格越便宜，居民购买的概率越高。家庭的交通运输需求可以通过购买汽车满足，居民主体购买汽车的决策过程与购买食品的决策过程相类似，价格越低的厂家的产品被购买的概率越大。住房的需求也是类似的，每一个家庭是一个租房者或者住房拥有者。租房的居民主体按照收入的某种比例缴纳房租，同时，租房的居民主体每天都有一定的比例想要购买自有住房，而已经拥有住房的居民主体会有一定的比例想要购买一个新的住宅来改善居住条件，在居民主体购买住所的时候，可以向银行借贷住房贷款。

除了消费四种产品之外，居民主体将其收入在零用钱、储蓄、投资之间进行分配。零用钱是一个外生变量，每三个月，居民主体会根据各个银行的利率将存款在各个银行之间进行转移，而投资购买债券的资金比例由一个增函数确定。

（2）公司主体

公司主体按照生产的产品，也分为四种，分别是汽车生产商、房地产开发商、非耐用产品生产商、非耐用消费品生产商，公司利用资本和劳动力来生产产品。每个公司利用遗传分类学习系统（GALCS）来设定价格，GALCS 模拟公司主体设定价格的过程。

所有的公司主体均利用资本和劳动力生产产品，公司的生产函数形式为道格拉斯形式：

$$y = cK^{a}L^{b}$$

其中，$y$ 是产品的日产量，$K$ 是投入的机器等资本的数量，$L$ 指的是投入的劳动力，$a$、$b$、$c$ 分别是参数，表示企业采取不同的资本和人力资源投入比例来生产产品。为了扩大生产规模和生产效率，企业按照 1 年为决策周期向银行借款购买机器，这个决策过程中，企业会衡量扩大生产规模获得的收益与购买机器付出的成本。同时每一天公司主体都会根据销售情况和存货水平做出雇佣工人或者解雇工人的决策，在最初的模型中，工资水平是固定不变的。

ASPEN 系统利用遗传分类学习系统来模拟实际经济体中的公司的产品决策过程。一个公司每天需要做出四个决策：第一，价格应该降低还是提高；第二，销售额最近是增加还是减少；第三，工厂的效益最近是提高了，还是降低了；第四，价格与同类产品相比，是否显著地低于或高于其他同类产品的平均价格。这四个问题，每一天都要确定其状态，公司会对每一个状态赋予一个三维概率向量（$P^D$，$P^L$，$P^C$），其中，$P^D$表示公司降低价格的概率，降低的价格量为某一个定值；$P^L$表示增加价格的概率；$P^C$表示降低价格的概率。主体的学习算法通过控制相关的概率向量来影响主体的决策过程。

公司主体必须支所得税和社会保险税。税后利润有三种分配途径：第一，如果公司是独家拥有的，那么收入将进入所有者手中；第二，如果公司是工人所有，那么收益将被平均分配给所有的雇员；第三，系统默认将所有的利润平均分配给拥有公司的家庭投资者。

（3）银行等金融部门主体

模型的金融部门包括三个子部门，分别是银行系统、联邦储备局、金融市场。银行系统吸收居民主体的存款，发放消费和商业贷款，同时投资于政府债券。联邦储备局可以主导宽松或者紧缩的货币政策，以调节经济运行。金融市场是一个资金流动的市场，它将撮合政府主体、银行主体和居民主体之间的债券需求和供给。模型的最初版本没有考虑一些重要的经济部门，比如国防、服务业、股票市场，但是得出的模拟结果在大致范围内符合经济理论和实践。

银行具有四方面的功能：第一，为所有的家庭提供存款账户；第二，购买或者卖出政府债券；第三，发放贷款；第四，雇佣一些劳动力。银行每天根据债券的收益来决定存款利率，在最初的版本中，所有的银行都提供同样的利率。每天银行都会检查自己的资金确保维持 3% 的存款准备金率，如果有超出或者不足的资金，它将购买或者卖出一部分债券。

银行的另一个重要作用就是发放贷款，提供资金支持。系统中的贷款利率受两方面的因素影响，一方面是整个系统的资金成本情况，主要是由债券价格和贷款的基础利率决定的；另一方面是由遗传分类学习算法决定的。银行申贷的过程中，如果有如下的情况银行会拒绝发放贷款：第一，如果贷款金额大大高于申请人的收入情况；第二，最近的贷款利率太高；第三，申请者最近申请了其他银行贷款。

（4）政府主体

政府主体对经济运行进行征税，并用以建立和维持一个福利系统。政府主体是唯一的，它征收所得税、销售税等，同时维持社会保障系统，支付失业保险并运营公共部门，在存在赤字的情况下发行政府债券。如果税收收入低于支出，那么政府将会选择发放债券，债券没有偿付时间，年息5%，初始的债券价格为1美元/单位债券，随后，债券价格将会根据市场行情进行波动。

（5）金融市场

每天，政府、居民、银行都会决定发行债券的数量、购买或者卖出债券的数量。这些订单都被集中在金融公司市场主体那里。市场主体汇总金融需求，并把这些需求反映到联邦储备局主体那里，并由后者决定需要执行的货币政策。如果买方多于卖方，则满足所有的卖方需求，按照购买比例满足买方需求并提高债券价格，反之同理。

（6）联邦储备局

模型中的联邦储备局发挥的作用同真实的联邦储备局相似。第一，如果一个银行的准备金不能够满足要求，美联储将会提供一定的支持；第二，如果政府希望发行债券却没有购买方，美联储将会购买这些债券；第三，联邦储备局可以实施扩展性、紧缩性、或稳健性的货币政策，具体的政策实施会根据市场运行情况进行选择。如果联邦储备局主导扩张性的财政政策，同时市场上购买债券的人数少于卖出债券的人数，那么联邦储备局将会买入债券；反之，则会卖出债券。如果联邦储备局在实行稳健的货币政策，联邦储备局将会同时买入和卖出证券以维持一个稳定的证券价格。

## 第二节　基于主体的经济系统网络化建模方法框架

### 一、基于主体的经济系统网络化建模方法概述

基于主体的网络化建模是将基于主体建模和网络科学理论结合起来，从多

个视角、多层次对经济系统进行抽象建模的方法。基于主体建模的方法虽然可以很好地抓住经济系统复杂自适应的系统本质，但是在研究经济系统中的一些网络化的经济行为特征时（比如危机的传染、市场大幅波动的传导、学习过程），往往缺乏模型结构支持和系统性的理论框架和方法体系。因此将网络科学的相关理论与基于主体建模方法结合起来，在研究中具有明显的优势。一方面，可以抓住经济系统复杂自适应的系统特点，对系统中的一些涌现行为进行详细的研究；另一方面，该方法可以更好地研究复杂自适应系统中的网络化传播和网络化互动行为，为研究系统中由网络传播造成的涌现行为提供独特的视角和研究方法。

基于主体的建模技术是以复杂自适应系统理论为基础，从网络科学和网络理论的角度出发，来研究经济系统的运行规律。该方法采用“自下而上”的研究视角，从经济系统中的最简单的个体出发，结合经济系统中个体之间的互动和博弈，建立一个计算模型来模拟经济系统的运行。主要侧重于研究主体的行为规则、行为模式、个体的偏好和拥有的资源等，以及这些互动在宏观经济系统所表现出的汇聚行为，如宏观市场波动、对宏观政策的反应等。Bonabeau E 认为，研究分散的微观主体行为汇聚形成的涌现现象，对社会可学研究具有重要的帮助，基于主体建模技术可以在流仿真、组织仿真、市场仿真和扩散仿真四个方面给予社会科学研究以帮助（Bonabeau E，2002）。

研究者利用基于主体建模的研究方法建立一个经济系统的计算模型，该模型可以根据研究需要不断地进行深化和细化。通过该模型，研究者可以研究不同经济政策的执行效果、不同宏观经济环境下的主体反应，避免或者减少政策的副作用。从某种意义上来说，基于主体的计算经济学相当于建立了一个经济政策试验室，经济学家可以将经济政策作为系统的输入，经过合理的建模和运算，得出经济政策的执行效果，从而为研究者提供了一个类似自然科学的可供重复试验的研究工具和研究对象。这极大地拓展了经济学的研究方法，为更好地认识和研究经济运行规律提供了很大的便利。与传统的研究方法相比，基于主体建模中主体模型的特点有：

（1）自下向上的视角。计算经济学者认为，对于无中心经济系统的最好的模型化描述应该使用自底向上的视角。因为经济中的一些聚合属性（如 GDP、失业率等指标）是最基本的参与个体微观互动的动态结果（Tesfatsion L，2002），采用自下而上的研究思路能更好地再现主体之间的互动以及这些互动对经济系统的影响。这种研究思路与传统的自上而下的经典研究模型有所不同，传统研究是自上而下的开展的，系统的底层是抽象的同质化个体，为了使模型能够达到均衡，模型的假设具有很强的一致性要求和高度理性限制；而ABM（Agent - Based Modeling）是自下而上的，其底层是异质化的个体，模型假设比较宽松，模型可能会持续地偏离均衡，或者在某个均衡状态附近波动。

（2）个体异质性（Heterogeneity Agents）。与经济系统中的实际情况相类似，ABM中的个体在各种属性上采用异质性假设，从内部的初始禀赋到其他主体属性、行为规则、能力、理性和计算能力等。

（3）有限理性（Bounded Rationality）。由于经济系统的复杂系统属性，复杂性是其重要特征。对于简单个体来说，理解整个经济系统运行过程中的机理、运行数据是一个不可能或者不经济的选项。对于个体来说，真实的经济环境往往因太复杂而不能去完全地理解、掌握或者计算，因此将不完全理性作为简化假设是切实可行的（Dosi G，et al.，2003）。一个人，最多拥有本地或者局部（时间和空间上）的信息，并拥有有限的计算能力、有限的最优化决策能力，即个体遵循有限理性原则（比如近视决策规则 Myopic Decision Rules）。一般来讲，个体可以被认为是具有适应性预期的有限理性的个体。

（4）网络化的直接互动（Networked Direct Interactions）。ABM中个体的互动是直接的、内在的、非线性的。主体之间的直接互动是因为当前决策直接通过适应性预期，取决于其他主体过去的决定（比如广泛存在的外部性）。这些可能包括结构，比如主体的子群体，或者局部网络。在这样的结构中，与一些成员相比，群体的成员在社会经济空间中感觉更近。这些互动结构可能由于时间的变化，发生内生性的变化，因为主体可以根据预期收益决定与谁互动。当将异质性和有限理性组合起来之后，聚合过程可能是不平凡的，有时可能产生新的结构体（Lane DA，1993a，1993b）。

## 二、基于主体的经济系统网络化建模的步骤

以自下而上的视角出发，同时又要考虑建模的不同阶段有不同的特点，按照建模过程的特点，基于主体的网络化建模大致可以分为整体建模阶段、主体和节点建模阶段、系统中互动建模阶段等几个阶段。下面对各个阶段进行阐述：

(1) 整体建模阶段

这个阶段是建模的开始阶段，整体建模阶段需要对整个经济系统进行分析，建立系统的框架轮廓。从复杂自适应系统理论出发，将经济系统看作是由一系列的自治主体自下而上地构成的复杂自适应系统。从整体出发，研究整个经济系统表现出来的一些特性和规律。为了完成这个任务，需要首先确定系统与其他系统之间的边界，以及系统与外界环境之间互动的途径和方式。系统的边界是指，系统所包含的主要功能与不包含的功能之间的界限，系统边界两侧的组成元素、功能都具有显著的差异。系统边界是分析和研究系统的基础，确定系统的边界之后，可以确定系统的输入和输出。在此基础上，分析系统的功能和特点，对系统的一些主要的功能进行研究分析。然后，还要研究经济系统体现出来的一些重要特征和规律，比如一些经济指标在时间序列上的规律性、系统应对外界环境冲击时体现的规律性等。

(2) 主体、节点和网络建模阶段

主体和节点建模阶段是建模过程的第二个阶段，是自下而上的建模过程中关键的一步。具体而言就是从系统的底层出发，考察经济系统底层的互动过程和参与个体，抽象并提炼出经济系统中最基本的互动主体和功能单元，将其作为整个模拟系统的基础和整个网络的节点，如图 3－1 所示。

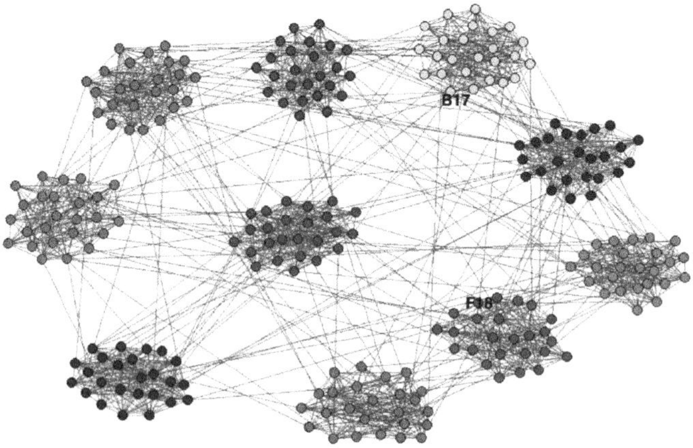


**图 3－1　经济系统中的网络和网络互动**

分析系统中的节点时需要特别加以注意，逐步地抽象和细分，将系统中最基本、最小的活动单元作为网络的节点和主体。一般而言，节点和主体是同一个存在，两者是重合的。但是节点是主体在网络科学理论中的概念，与主体具有不同的含义，其表示个体在经济系统中的相互联系和互动的途径。在实现上，节点属性是作为主体的一个附加的属性出现的。

在这个过程中，要从网络科学理论出发，将整个经济系统看作一个由各种主体为节点，以主体之间各种互动关系为链接组成的复杂网络系统。也就是说，同一个主体具有两种性质，既是主体，又是网络中的节点。一方面，它是一个复杂自适应系统中的主体，拥有各种属性和行为规则，会根据周围环境做出自己利益最大化的行为决策；另一方面，主体又作为复杂网络中的一个个节点，拥有自身的属性，在与周围的主体互动时会建立各种各样的链接，并通过各种各样的链接执行各种各样的功能。这样建模的好处是可以利用 ABM 建模方法研究经济系统的各种性质，同时又可以根据网络科学的相关理论，对经济体中的网络化互动进行跟踪，研究不同的网络结构和不同的网络链接规则下的网络动态。

（3）系统中的互动建模阶段

互动建模包括主体之间的互动建模和网络节点之间链接的建模。主体之间的互动是主体之间关系的总和，是驱动经济系统运行的主要动力。主体之间的互动包括市场信息传递、贸易、税收、借贷融资等，是经济系统运行过程中的重要环节和内容，因此对于主体之间互动的建模是整个模型中极其重要的一部分。而节点之间链接的建模是分析经济网络动态的基础，节点之间链接是节点之间网络的基础，众多的节点和节点之间的链接构成了整个经济网络。

（4）经济系统个体与整体互动建模阶段

经济系统一旦形成整体，个体就会对系统所表现出的整体性作出反应。该阶段建模采用整体——部分——整体的研究方法，从节点（个体）上升到整体，研究经济现象在不同层次的表现以及其背后的一些作用机制。以股票市场的崩盘为例，先从整体角度来看股票市场出现了雪崩式的下挫、交易混乱、不同的股票市场会出现传染等；从个体角度来看，个体接受了大盘下跌的环境信息，并迅速做出反应，卖出股票。这样，从整体——部分——整体研究视角就可以明确地分析得出，偶然因素引起大盘下跌，在微观结构中引起连锁反应，最终反作用于大盘。在股票市场大幅波动的这个过程中，市场结构会影响恐慌情绪的传导，恐慌情绪最终影响了人们的投资决策。因此，这种系统——部分——系统的研究方法可以更好地理解经济运行的内在机制。

## 第三节　基于主体的网络化商品房市场概念模型

房地产业是一个关乎国民经济发展和民众生活福祉的重要基础产业。一方面，房地产业的发展过程中需要大量的人力、原材料和能源投入，对整体国民经济发展具有很强的拉动能力。在其发展过程中，可以带动能源产业、钢铁产业、水泥产业、玻璃产业等上下游产业的发展，使得房地产业对国民经济发展具有重要的影响力。另一方面，房地产业的健康发展对民众的生活福祉也有巨大影响。因为在中国的传统文化中，“安居乐业”是中国人的重要追求之一，住房在这样的文化背景下，不仅是一个居所，更多地会跟居民的归属感、安全感、人生幸福等联系在一起，因此，房地产的发展、价格波动常常会引起全社会的广泛关注。近年来，由于我国整体经济发展和城市化的推进，除了就业、上下游产业的拉动作用之外，房地产业对金融体系的影响也逐渐增大，虽然在一定程度上，房地产业的繁荣促进了就业，推动了国民经济发展，但也带来了房地产泡沫、房价畸高、土地财政、影子银行等一系列问题和隐忧。

在历史上，美国、日本等发达国家都发生过房地产业泡沫的事件。房地产市场泡沫的破裂过程都引发了较为严重的经济衰退或经济长期停滞等后果。以日本为例，1990 年日本房地产泡沫破裂，对股票市场、银行业、实体产业和个人都造成了巨大的冲击，造成大量公司破产，公司倒闭。房地产泡沫以及其带来的经济泡沫直接导致 1990～2000 年这十年成为日本“失去的十年”。2008 年美国爆发的“次贷危机”给全球经济发展都造成了巨大的负面影响，一直到 2014 年末，全球经济都没有完全走出这次低谷。而这次“次贷危机”中的大量“次贷”的重要来源之一就是美国的次级住房抵押贷款。美国政府为了刺激房地产业，发放了大量不良住房抵押贷款，这些不良贷款经过资产证券化操作，层层打包之后形成各种金融衍生品进入市场进行交易。在这个过程中，市场上积累了大量的风险，当风险积累到一定程度，最终失控，造成了金融海啸。考虑到房地产市场中的泡沫给经济发展带来的灾难性的影响，妥善地解决房地产市场中存在的“过热”和房价畸高等问题，促进房产价格稳步回归到合理的价格区间，避免出现大起大落，是我国政府目前有待解决的关键问题之一。

自2004年开始，从中央到地方一次次地出台各种调控政策，一次比一次严厉，其目的都是调控房价，挤压房地产市场中的泡沫，防止商品房价格出现过快增长。但是这些调控政策都没有达到理想的效果，商品房价格伴随着一次次调控持续高涨。房价的增长速度远远高于居民收入的增长速度，造成大量城市居民无力负担高房价。有学者认为，房价逐渐成为一个重要的社会问题（陈灿煌，2007；陈灿煌、张立军，2006）。因此研究商品房市场，厘清商品房市场的运行机制，可以帮助政策制定者更好地认识商品房市场的运行规律，掌握影响商品房市场运行的因素，从而更好地制定和执行有效的房地产调控政策。

商品房市场是商品房的供求双方确定商品房的价格，完成交易的市场。根据一般均衡理论，商品的价格取决于供给和需求的均衡。由于商品房的供给和需求受到宏观经济运行情况、政府调控政策、区域经济发展水平、消费者预期、市场竞争程度、商品房质量和周围配套公共设施等众多因素影响。同时，单个的商品房是在一个缺乏流动性，存在高度异质性和缺乏信息透明度的市场上进行交易的，不存在单一的价格。商品房的定价过程是一个动态变化的过程，商品房的价格随着时间的推移不停地变动。本研究着眼于商品房市场中商品房价格的形成和商品房市场的波动，研究不同因素对商品房价格形成过程中发挥的作用。因此，研究中所指的商品房市场和商品房定价是商品房的市场机制和定价机制，而不是具体某一商品房定价。

研究商品房市场模型的目的，是为了更好地认识商品房市场的波动和运行规律。本研究采用一个新的计算经济学研究方法，通过建模，抽象出那些影响商品房市场的因素，针对我国商品房市场的特点，构建一个商品房市场模型，并将该模型在计算机中进行模拟和仿真，以便人们更好地认识和处理有关商品房市场的波动以及商品房市场的政策调控问题。基于主体的网络化商品房市场概念模型以复杂自适应系统理论为基础，采用基于主体建模的研究方法结合网络化建模方法，自下而上地对商品房市场进行系统性的分析和建模。系统从微观层面模拟了政府、房地产开发商、居民和银行等多类主体和组织之间的互动，以及各种宏观层面的市场信息对各类主体的反馈作用。

模型中包括四类主体和三个市场。政府主体是模型中的唯一的土地供应商，控制土地市场中的土地的供应、银行的利率水平、商品房市场的调控政策等。房地产开发商处于连接土地市场和商品房市场的纽带位置，它从土地市场购买土地，开发成商品房供应商品房市场，其根据商品房市场的具体情况来决定土地市场的相关数量和价格决策。居民主体根据自己的偏好、收入情况、商品房市场的运行情况来决定购买商品房的数量，居民主体的需求最终会反过来影响商品房市场的运行情况。银行主体为房地产开发商和居民个体提供融资服务，同时它要遵守银行的风险管理政策。

土地市场的主要参与者是政府主体和房地产开发商主体，前者是土地的供应方，后者是需求方。考虑到土地的稀缺性和政府在土地市场中的特殊地位，我们假定在每个土地交易周期由政府供应某一固定数量的土地，具体数量由参数外生给定。房地产开发商根据商品房市场的销售情况来决定购买土地的数量。商品房市场的参与者是居民主体和商品房开发商主体，前者是需求方，后者是供给方。商品房市场和土地市场采取拍卖的方式进行交易组织，出价最高的主体获得交易的机会。信贷市场的参与者是银行主体、房地产开发商主体和居民主体。其中，信贷的供给者是银行，信贷的需求者是居民主体和房地产开发商主体。信贷市场的组织方法是将银行的资金分为房地产开发贷款和住房按揭贷款，分别根据银行的资金情况，在控制风险资金比例的情况下根据贷款申请的额度按概率随机发放贷款。

## 一、基于主体的商品房网络化建模过程

参与商品房市场的主体主要有政府、房地产开发商、居民主体、银行等，他们拥有各自的行为规则和行为目标，并且有复杂的信息、资金和产品的交换和流动。而这些底层的互动的结果最终汇聚成商品房市场整体的波动，对这些主体进行详细的分析和建模，可以很好地把握商品房市场动态波动的基础。

研究商品房市场时，需要将基于主体的网络化建模方法针对商品房市场的特点进行细化，建模的具体方法分为三个步骤。

首先，运用系统分析法分析商品房市场的详细情况，包括商品房市场的组成部分、以及这些组成部分之间的关系。具体来说，商品房市场是由土地市场、商品房交易市场、信贷市场三个子市场组成的。进一步详细分析，商品房

市场的主要参与主体是房地产开发商主体、政府主体、银行主体等。这些主体拥有各自的行为规则和行为模式，彼此之间的大量互动驱动了整个商品房市场的运行。在建模过程中，要在系统理论的指导下，对组成系统的各个部分进行详细的研究和分析。研究中要对组成系统的主体所拥有的资源、需求、学习进化的算法、互动的规则、信息传递机制、效用函数、参数集合等方面进行研究。同时，需要分析经济系统内部各个子市场的组织和衔接、研究不同市场之间的关系，分析各个市场与主体之间的信息传递、市场运行的时间尺度和各个过程的先后顺序（李长银，2015）。

其次，根据系统分析的结果，自下而上地设计出模型的程序原型架构，并利用高级计算机程序开发语言工具开发一个计算机模拟模型。程序原型和程序开发有所不同，其中，程序原型架构的设计过程中要考虑执行顺序问题，例如系统中各个流程运行的时间先后顺序、各个子市场运行的先后逻辑顺序、市场信息的传递顺序、土地市场、商品房市场和信贷市场三个市场的衔接、政策参量的控制，模拟数据的输出、模拟结果实时展示等问题。

最后，在完成计算机程序开发之后，为了使模拟系统的运行更加符合经济系统运行的实际情况，需要根据经济系统的实际运行数据对模型的参数进行校准、验证和调试。在完成参数校准工作之后，根据实际政策模拟的需要，制订一些政策试验的方案，在系统中分别运行相应的模拟试验。根据政策模拟试验的结果，分析不同的调控政策的执行效果，以及不同的政策组合在各种市场条件下的执行效果。通过这样的模拟试验，能够为政策的制定提供一定的借鉴和参考。

## 二、商品房市场建模分析

### （一）商品房市场建模系统性分析

商品房市场属于房地产开发市场的一部分，由于其交易量占房地产市场的较大份额且与商业地产等具有明显差别，所以我们单独对其进行建模研究。商品房市场是以商品房的全部产权或者部分产权作为交易对象的市场，包括商品房的买卖和租赁等交易。

从系统论的角度来说，商品房市场与其他市场具有明显的边界。但是商品房市场作为一个子经济系统，与整体经济系统具有密切的联系。首先，整体经济运行情况以及社会收入分配情况直接影响了居民的收入水平和居民收入分配结构，从而影响了商品房市场的需求。其次，整体经济运行态势会影响政府的房地产市场政策，房地产作为一个受政策影响较大的行业，具有非常大的政策敏感性，比如房产税政策、各种限购措施、财政金融政策等。最后，商品房市场对外部的金融政策具有非常强的敏感性，房地产行业对信贷的依赖度非常高，因此，房地产行业对于金融政策，特别是信贷政策如信贷额度、利率等具有非常强的敏感性。商品房市场与经济系统的其他部分也具有明显的边界，从土地“招拍挂”开始，土地转让、商品房开发和出售、流转都是围绕土地、资金、商品房这三个主要的要素进行的。商品房作为一种商品，具有建设投入大、单位产品价值大、产品使用周期长、空间上不可移动、空间位置具有稀缺性等特点，这些特点造成了商品房市场一些独特的现象，比如商品房开发严重依赖银行贷款、商品房消费依赖银行的住房贷款、商品房的价格与空间位置具有很强的相关性。

商品房市场的运作流程是政府从城市的土地所有者和农村的集体土地所有者手中将土地集中起来，执行“招拍挂”程序，将土地卖给房地产开发商。房地产开发商从银行获得房地产开发贷款，投入开发建设中，将土地开发成商品房。在接下来的商品房销售过程中，居民利用自己的住房预算购买商品房，如果预算不足以支付商品房的价格，那么需要银行住房抵押贷款的支持。居民主体购买商品房之后，会根据自己预算的大小和商品房市场的价格波动情况，随时调整自己的住房决策，比如购买第二套住房、卖出现有的住房等。因此，商品房市场的组成部分有三个：一是土地市场，市场的参与者是政府和房地产开发商，市场的作用是实现土地流转；二是商品房市场，市场的作用是实现商品房市场所有权的流转，市场的参与者是房地产开发商和居民主体；三是商品房有关的金融市场，主要有房地产开发贷款和居民住房消费信贷两部分，市场的参与者是银行、居民消费者和房地产开发商，金融信贷市场的作用是为房地产开发企业的开发活动融资，同时为居民的住房消费提供按揭贷款支持。

## （二）商品房市场主体和节点的建模分析

### 1. 商品房市场中的消费者主体建模分析

居民消费者是商品房市场中数量最多的一类个体。他们是新建的商品房的需求方，也是二手商品房的供给方、需求方。居民消费者是城市居民的主体，是商品房市场中最重要的一类群体。国人的传统理想是“耕者有其田，居者有其屋”，住房需求是城市居民重要需求，甚至在一定程度上是一种“刚需”。住房消费在城市居民的消费中占据了较大的比例，房价波动对居民福祉具有较大的影响。

居民会把收入的一部分作为住房预算，用于购买商品房。在住房市场上，供求决定了商品房的价格。而从微观层面上来说，商品房的区位和商品房的大小、户型、配套设施等都会对商品房的价格产生较大的影响。而居民主体在购买商品房时，不同的消费者对住房具有不同的偏好，比如有孩子的家庭可能会更加偏好学区房，而工作的人群可能更多考虑交通便利性，老人会考虑环境、医疗配套措施等。由此可见，商品房市场是一个异质性的商品市场，商品房不但具有空间分布的异质性，也具有一系列的其他的异质性属性，居民需求也是具有异质性的。

商品房产品市场存在截然不同的两类需求，一类是住房需求，购房者购买商品房是为了自住或供家人居住；另一类是投资需求，这一类购房者购买商品房不是为了自己居住，而是为了等待商品房升值，并卖出获利，是一种投资性行为。显然，这两类需求具有不同的特点，其对市场也具有截然不同的影响，因此我们研究时需要对这两类需求进行详细的分类和考察。假定居民消费者购买商品房时也存在有两种评判标准：当居民消费者没有住房时，购买第一套住房是为了满足自住需求，其标准是效用最大化原则；而当居民消费者已经拥有住房时，假定此时的购房需求是投资性需求，居民此时将采用利益最大化的原则进行决策。

居民消费者在购买商品房时，首先会结合自己的预算约束，选择满足预算约束条件下效用最高的商品房。即根据自身的偏好，选择最能满足自身偏好的商品房作为购买目标。一般而言，搜寻和匹配合适的交易对象会耗费较大的时间成本和精力，居民在购买商品房时不可能把每一个房源都考查一遍。因此居民主体在寻找合适的购买对象时，搜寻的范围是有限的，会选定一个范围进行搜寻和匹配。居民主体锁定目标之后，如果自身的预算不足以支付商品房的价格，不足的部分则需要向银行申请住房抵押按揭贷款。

二手房市场占商品房市场很大的一部分份额，二手房市场的存在对商品房市场的价格具有较大的影响，因此需要对二手房市场进行详细研究。在不存在限购措施的情况下，已经拥有商品房并且具有购买能力的居民消费者会根据商品房市场的波动情况，选择继续购入商品房作为投资。如果居民消费者拥有的商品房多于一套，那么他会根据商品房市场的波动情况，以利润最大化为目标对投资性的商品房进行交易。

2. 开发商主体的建模分析

开发商主体是商品房市场中的重要的组成部分，是商品房的开发者和供给者。房地产开发商参与“招拍挂”的土地出让流程，从政府获得未开发土地的开发权和使用权，进行下一步开发。土地的价格通过竞拍的模式确定，不同的房地产开发商共同出价竞争，最终出价最高的房地产开发商获得土地的开发权。

房地产开发商获得土地之后，会根据开发计划和自身的资金情况对整个开发所需要的资金进行评估，并会对不足的部分寻求银行贷款。在顺利获取银行贷款之后，厂商会根据既定计划进行开发，将土地开发成商品房供应到商品房市场。在出售商品房并回笼货币之后，开发商偿还银行的贷款并获得相应的利润。商品房价格是由开发商确定的，开发商一般根据最近的市场行情来确定，并应用一定的学习算法，根据市场的波动情况对商品房的价格进行调整。

3. 政府主体的行为模式分析

政府和房地产也具有复杂而紧密的联系，这些关系决定了房地产行业是一个受政策影响非常大的行业。第一，政府作为垄断的土地供应者，对房地产行业具有根本性的影响。政府决定土地供应量，而土地供应量的多少对房地产行业具有重要的影响，这相当于供应商对生产商的影响能力。第二，房地产行业会给政府带来丰厚的利润收入，并对经济增长具有很强的拉动作用。由于利润收入和拉动经济增长这两方面的影响，房地产行业对政府来说是非常重要的一个产业，其对政府也有较强的影响力。部分地方政府的土地收入超过60%，甚至有“土地财政”这一说法。第三，由于房地产行业的重要性和影响力，政府会主动地制定一系列的政策来促进、规范房地产行业的健康发展，引导房地产业与整体经济协调发展，防止泡沫和风险。这些政策对房地产业的发展具有深厚的影响。综上所述，商品房市场和政府的联系紧密，彼此之间有较大的影响，因此研究商品房市场必须将政府的主张、利益、政策考虑进来。

政府在商品房市场中扮演诸多重要角色，深度参与并影响了房地产业的发展。一是，政府是土地的供应方，控制了发展房地产的最重要的资源，在此政府是一个土地供应者的角色。政府低价获得土地，通过“招拍挂”高价转让给开发商，从中获取大量的利润。二是，政府需要维护经济秩序，增进社会总福利，以取得民众的支持。因此政府也是房地产业发展的监管方，政府需要制定一系列的政策来调控房地产市场的发展。房地产事关全体居民的福祉，过高的房价将会给居民带来巨大的生存压力，政府作为监管方需要在经济发展、财政收入和居民福祉之间取得适当的平衡。在此，政府的身份是社会的管理者，需要协调市场参与各方的利益。三是，税收获取者的角色。我国的房地产开发、商品房出售等的相关税费费率很高，房地产业的发展过程将给政府带来大量的税收收入。在现阶段，这些财税收入加上土地出让金收入，占各级政府收入很大的比例，因此，政府在房地产业发展的过程中是个很强的利益相关方。

由于政府复杂的利益和目标，要把政府的行为描述准确并不容易。我们将政府行为作为外生变量来考虑。同时，作为政策的制定者，并不希望将政策内生作为模型的研究方向。模型的一个重要的功能就是用来研究不同的政策所能达成的效果。

4. 银行主体的建模分析

房地产业的发展对资金具有很大的依赖性，商品房的开发、销售过程中需要银行信用的支持。房地产开发商和居民消费者是商品房市场的两个最重要的参与者，两者都需要商品房市场的信贷支持来完成商品房的开发和消费。所以金融部门在房地产业的发展中扮演了重要的角色，信贷扩张和紧缩对商品房市场都有直接的影响。

房地产开发商在取得土地的使用权之后，可以将土地的使用权到银行等金融部门进行质押，取得房地产开发贷款并投入下一步的房地产开发过程中。在商品房交易过程中，银行等金融部门对居民消费者进行信贷支撑，为居民消费者提供住房按揭贷款，消费者以商品房的产权进行质押，取得住房按揭贷款。

银行部门在接到房地产开发商的房地产开发贷款申请后，根据自身的资金流动情况和贷款申请额度，判断是否有能力发放贷款。在确认贷款能力之后，对房地产项目进行考核，对项目风险进行评估。如果银行具有放贷能力且房地产项目风险可控，银行会对项目发放房地产开发贷款。

而在住房按揭贷款这方面，居民消费者在购买商品房时如果不能全款支付，就会向银行申请住房抵押贷款。银行收到个人贷款申请之后，会对个人的收入情况、信用情况进行调查，如果符合银行的信贷政策，将会对其发放住房抵押按揭贷款。

## 三、模型的基本设定

### （一）模型的时间尺度设定

在现实的经济运行过程中，时间是一个重要的因素。产品需要一定的时间才能被生产出来；消费者的购买决策、购买过程都需要耗费时间；信息传播需要一定的时间，人们获取信息、接受信息并做出反应也需要一定的时间；产品和服务在人群中的推广过程也是渐进的，人们采纳新的产品和服务也需要一定的时间迟滞。这些因素共同决定了经济系统中大多数的决策和互动都不是同时进行的，这意味着经济系统中的主体决策具有异步性的特点。博弈论认为，决策的先后顺序不同，个体所获得的收益也会有所不同。因此异步决策可以更好地模拟主体之间的博弈和策略性互动，为了尽可能模仿现实经济运行情况，模型中各类主体的决策是异步进行，即不同的主体在随机的不同的时间点活动。

模型的时间尺度是指模型运行的最小时间单位，模型的时间尺度越小，模型可以模拟的主体互动和系统运行的时间细节就越精细，模型复杂性和建模的难度也就越高。因此在确定模型时间尺度的时候需要在建模的复杂性和建模的难度之间寻求一个平衡。

由于房地产开发时间普遍会超过一年，具有较长的时间周期，开发进度通常以月为单位。对于居民消费者来说，商品房消费属于消费额特别大的消费，消费频率较低。在商品房交易的过程中，搜寻和匹配合适的商品房和交易者将耗费大量的时间成本，从这个角度来讲，以月为决策和交易区间是一个比较合适的时间间隔。为了满足模型中主体异步决策等要求，模型以周作为运行间隔，但是在数据输出、主体决策等方面以交易或者行动实际发生的月为记录单位。

假定商品房的买卖过程中，居民消费者搜寻到合适的交易对象、匹配价格、完成交易的决策和交易周期为一个月。即在一个月的四周时间内，主体可以在任何一周开始商品房的搜寻和匹配，但是从开始搜寻商品房到购买商品房需要一个月的时间。假定土地市场中，从开始参与“招拍挂”流程到拿到土地的交易周期为3个月。同时假定商品房的开发周期为15个月，即房地产开发商从拿到土地开始，需要15个月才能将土地开发成商品房投入市场。

### （二）有关模型中主体的假定

与经济学的传统假设有所不同，模型放弃了传统经济学中“理性人”、同质化等假设，进而采用计算经济学中的一些假设，诸如具有异质性、有限理性、有限的信息收集和存储能力、有限的计算能力等假设。

异质性假设。异质性假设来自经济运行的实际情况。模型的异质性假设有两方面的内容。一方面，商品房产品具有异质性，即不同的商品房在空间位置、户型、环境设施等方面具有异质性，对于居民消费者来说具有不同的效用；另一方面，假设主体具有异质性，即房地产开发商、居民主体、银行在不同的属性和不同的方面均具有异质性。居民主体的异质性表现在以下两个方面：第一，居民主体在收入上具有异质性。不同居民的收入不同，造成居民的购买力不同。这个异质性情况与社会的实际情况相符。收入分配会将会影响商品房市场的需求结构和需求。第二，居民主体的偏好具有异质性。异质性的偏好将会对商品房的不同特性具有不同的价值判断，最终会对商品房的需求产生影响。

有限理性假设。该假设认为主体是有限理性的，不能在任何时候都做出效用最大化或者收益最大化的决定。这个假设同样来自经济运行的实际情况。一方面，受制于个体的有限计算能力，个体无法充分利用现有的信息计算出最佳的解决方案。另一方面，搜寻最优方案需要付出极大的时间和资金成本，实际上也是不可能的。因此模型中假定居民主体在寻找最大化效用的商品房时，所能搜寻的商品房套数是有限的，居民消费者只能在有限的空间内找到效用最大化的商品房，但是难以在全局范围内找到效用最大化的解。

主体的学习和进化的假设。该假设认为主体具有适应性和学习能力。主体可以根据过去的市场运行情况和互动的收益学习市场运行的规律，并在未来的互动中对自己的策略做出相应的调整，以更好地适应外部环境，获得更好的收益。

### （三）假定城市和商品房的相关假设

模型采用简单的城市模型，假设城市是一个分布在二维空间上一系列二维网格，用网格代表城市中分布的商品房。商品房与一般的商品具有明显的不同，是一种特殊的商品。除了具有使用年限长（一般大于 30 年），价值高等特点，商品房还具有空间和财产的双重属性（Herath S，Maier G，2013）。我们将商品房市场的区位特性抽象出来，假设每一个商品房占据二维城市空间上的一个格子，商品房的空间属性表现了城市交通的便利性，我们利用距市中心的距离来表示这种便利性。将商品房的其他属性，比如户型、面积大小、绿化、配套设施等属性用一个综合的值 A 来表示，A 的值越大，代表商品房除区位以外的因素得分越高。模型假定商品房的使用年限为 L，L 值在我国设为 70 年，表示商品房的使用年限。

### （四）模型结构和运行的基本设定

模型中包括了四类主体和三个市场。其中主体分别是政府主体、房地产开发商主体、居民主体和银行主体；三个市场分别是土地使用权转让市场、商品房交易市场和银行信贷主体。

模型中的政府是唯一的土地供应商，垄断了全部的土地供应。土地市场以拍卖的方式决定土地使用权的分配。模型中有多个房地产开发商主体，多个房地产开发商通过土地市场的竞拍获得土地的使用权。在获得土地的使用权之后，开发商推进开发活动。根据自身的资金情况，如果需要资金支持则会从银行申请房地产开发贷款，将土地开发成商品房提供到商品房市场上。居民根据自身的资金情况和偏好在商品房市场上选择适当的商品房，如果需要信贷支持，居民主体会在银行信贷市场上寻求住房按揭贷款。居民买入商品房之后，可以在下一个交易周期根据自身的投资决策在商品房市场上进行买入或者卖出商品房。模型的具体结构如图 3－2 所示。

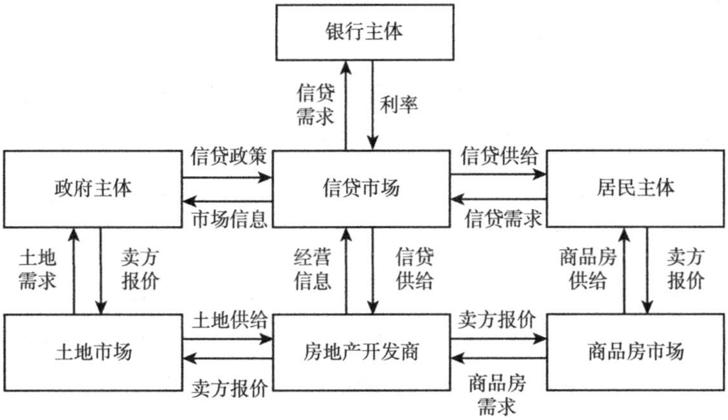


图 3－2 模型中的主体和市场

## 四、模型的主体

模型的主要主体有四种，分别是居民主体、房地产开发商主体、政府主体和银行主体。下面对主体的属性、行为规则、行为方式等进行简单的描述。

（1）居民主体

居民主体代表了商品房市场中的实际消费者，是社会上最广泛的一类群体。居民以效用最大化为目标，根据个人预算约束和可获取的商品房市场交易信息做出商品房的交易决策。假定居民家庭已经决定好了住房开支占总收入比例，每个月将固定比例的收入用于住房消费。居民购买商品房是独立的决策，将收入的固定比例作为住房支出。同时，居民主体是有限理性的，即他们具有有限的计算能力和记忆能力，只能记住过去若干期的市场交易情况，并且只有局部最优的决策能力。

假设居民的收入受 GDP 的影响，每年按照 GDP 增长作为收入增长率，且 GDP 按照设定的 GDP 的增长率进行提高。假定居民主体的属性中有一个住房支出预算，表示收入中用来支付住房支出的部分，每个月居民主体会将收入的固定比例放入该预算中。假定所有无住房的居民都有购买商品房的需求，已经拥有商品房的居民则会根据市场情况，选择购买商品房进行投资。

居民会根据市场波动情况和自身的收益来学习新的交易策略，并采用EWA学习算法对自己的行为策略进行优化。居民主体对商品房具有两种截然不同的需求，一种是自住需求，是“居者有其屋”的社会性需求；另一种是投资性需求，是追求利益最大化的行为。不同的需求需要不同的策略支持，这在居民主体的商品房交易策略中都会有所体现，居民主体会根据不同的交易目的选择不同的交易策略。

（2）房地产开发商主体

房地产开发商主体以利润最大化为目标，根据市场信息和所拥有的资金做出经营决策。房地产开发商从政府购买土地，开发成商品房卖给消费者，根据市场情况来决定每一个阶段购买土地的数量。房地产开发商主体保存并维护一个资产负债表，其主要内容包括开发商主体的资产和负债，包括开发商拥有的现金、土地、商品房库存、银行贷款等。维护一个资产负债表可以很容易地计算自身的资产状况，为银行评估资信情况提供便利。

房地产开发商具有学习能力，会根据商品房的价格调整其自身的决策，利用EWA学习算法，调整其购买土地的数量，最终达到调整市场上的商品房供应量，实现自身的最大利益的目的。房地产开发商主体参与土地市场的拍卖活动，购买一定数量的土地并开发成商品房供应商品房市场。在这个过程中，房地产开发商根据学习算法来确定最优的土地购买数量，而相关的价格则由市场供求共同决定。

房地产开发商主体的“自治性”在于，房地产开发商主体会根据利益最大化原则，自发地调节其开发规模，从而影响土地市场的需求情况和商品房市场的供给情况，最终影响市场的波动情况。

（3）政府主体

由于政府对房地产业具有巨大的影响，政府主体也是商品房市场的一个重要的参与力量。但是政府又是规制方，所以在系统中，政府行为并非完全“自治”，其很多政策和变量是作为外生性变量和外生性的行为策略给出的。在土地市场中，政府作为唯一的土地供应方，而房地产开发商作为土地的需求方，政府在每一个土地拍卖阶段提供一定数量的土地。我国的土地市场实际运行中采取拍卖的方式，因此模型中模拟土地市场也采取拍卖的方式。

（4）银行主体

银行主体也会保存并维护一个资产负债表，记录银行的资产和负债情况，这样便于控制银行风险。银行为房地产开发商提供房地产开发贷款，发放贷款的过程中要考察项目风险并满足银行的整体风险控制指标，对居民个体的按揭贷款也遵循类似的流程。银行主体保存所有的贷款金额、贷款期限、还款金额等信息，对每一笔贷款进行维护和更新。同时，银行主体还会对申请贷款的开发商主体和居民主体进行信用审查，并根据审查的结果决定是否发放贷款。

## 五、模型中的市场组织

房地产开发过程中，土地和资金是最重要的两个投入品，甚至是决定一个房地产公司命脉的重要资源。这就决定了商品房市场不是一个孤立的市场，其发展和波动与金融信贷市场、土地市场以及背后的政府力量具有密切的关系。因此，我们的模型包含了与商品房市场密切相关的信贷市场和土地市场，这两个市场与商品房市场一起共同决定了商品房市场的波动情况。

土地市场和商品房市场中，交易的撮合和达成均采用拍卖的办法。多个买者共同出价，按照价格优先、时间优先的优先交易顺序安排交易。而各类主体的报价则需要采用保留价格法来计算。根据经济学相关原理，保留价格是买家愿意为某个商品支付的最高价格，在保留价格下，买家买或不买某个商品的效用是不变的。对于卖家来说，保留价格是愿意接受的最低价格，在该价格下，卖家是否出售商品都将获得相同的效用。一般情况下，个体的保留价格受产品特性、个体偏好和预算约束的影响，我们假定主体根据其保留价格来确定参与拍卖的买方投标价和卖方报价。一般而言，卖方倾向于将其卖方报价设定为高于其保留价格（WTA），假定这个价格差为$\varepsilon_s$；同样，买方倾向于将其买方投标价设定为低于其保留价格（WTP），假定这个价差为$\varepsilon_b$。具体的计算公式为：

$$P_{bid} = WTP - \varepsilon_b$$

$$P_{ask} = WTA + \varepsilon_s$$

其中，$P_{bid}$是买方投标价，$P_{ask}$是卖方报价。无论是在效用最大化还是在利益最大化的目标下，参与交易的双方都会为自己的利益考虑。买方都会尽量的争取将买方投标价设定为接近卖方的保留价格（WTA），使价格尽可能的低。而卖方的激励是使价格尽可能的高，使价格尽可能的将其卖方报价设定的接近买方的保留价格（WTP）。在土地市场和商品房市场中，卖方和买方的保留价格的形成是各自不同的，下面会对各个市场中保留价格的模拟方式进行详细介绍。

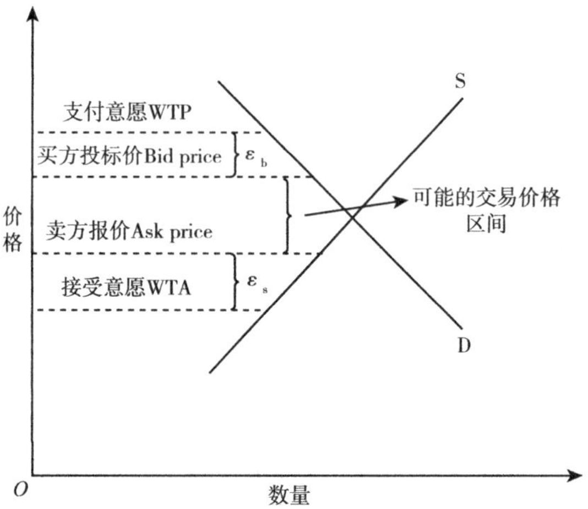


**图 3-3　买卖双方保留价格与市场价格决定**

## （一）土地市场

1. 土地市场的需求者

土地市场中的需求者是房地产开发商。房地产开发商连接了土地市场和商品房市场，处于一个中间商的位置。土地市场对房地产开发商来说是一个原料市场，而商品房市场对于房地产开发商来说，则是一个产品销售市场。房地产开发商以利润最大化为目标，从政府主体处购买土地，开发成商品房，卖给居民主体。在这个过程中，房地产开发商需要对土地形成买方投标价，对商品房形成卖方报价。

根据土地的区位属性和个体偏好，房地产开发商形成自身的支付意愿值（Willingness to Pay，WTP），并根据支付意愿形成买方投标价。政府根据自身的情况，形成接受意愿值（Willingness to Accept，WTA），并接受意愿形成卖方报价，买卖双方将买方投标价和卖方报价同时加入拍卖系统。拍卖系统在此基础上，撮合潜在的交易者进行交易，如果磋商成功，则双方进行交易。下面，对土地市场竞争中保留价格的模拟方式进行详细介绍。

房地产开发商对土地的 WTP 受当前商品房价格、土地市场供应情况、土地区位情况、房地产开发商的资金情况的影响。一般而言，商品房的价格越高，房地产开发商愿意支付的土地价格也就越高；土地市场竞争越激烈，房地产开发商为了取得土地，所愿意支付的价格也会越高；而且房地产开发商的资金越充裕，愿意支付的价格越高；土地的空间区位分布越好，土地的期望价格就越高，开发商的支付意愿也会随之上升。

具体的开发商对土地的 WTP 的计算方法参考 Brueckner 提出的相关公式，假定房地产开发商作为商品房的生产者，以利润最大化为目标，在距离城市中心距离为 $d$ 的位置投入土地 $L(d)$，资金 $K(d)$，来生产一单位的商品房（Brueckner JK，Largey AG，2008）。

$$\max \pi_d = p_E(d,A) - p_L(d) - (1+i) \times K(d,A)$$

其中，$\pi_d$是房地产开发商开发一处商品房所获得的利润，$p_E(d,A)$ 是距离市中心 $d$、财产属性为 $A$ 的商品房的价格，可以采用历史交易价格或者临近的商品房价格的平均值来决定。$p_L(d)$ 是土地的价格，$K(d,A)$ 是开发财产属性为 $A$ 的房产所需要投入的资金；$i$ 为利率。假定房地产开发商为价格接受者，即其$p_E(d,A)$ 是由居民的需求函数决定的。在市场竞争的情况下，房地产开发商获得 0 利润，则房地产开发商的支付意愿为：

$$WTP_D = p_L(d) = p_E(d,A) - (1+i) \times K(A)$$

这个公式的含义是，房地产开发商对土地的支付意愿与土地的区位、房地产价格、资本利率等有关。

2. 土地市场的供给者

政府是土地唯一供应商。政府接受意愿的基础是土地的征收成本，这个价格是政府将土地从集体和个人处征收过来的成本。假定其土地出售数量和出售时间是既定的并且是公开信息（土地出售数量可以根据需要改变），土地的卖方报价也是公开信息。因此，政府的接受意愿应该是土地的成本加上一个溢价。假定最初的土地交易中，政府的 WTA（Willingness to Accept）为土地最初的征用价格，那么政府的卖方报价可以为$WTA_{G}^{0}=200$。

3. 土地市场组织方式

土地市场采用拍卖的方式来进行组织。每一个土地市场交易周期，政府采用随机的方法从储备土地中由近及远地挑出若干数量的土地，放在拍卖市场上进行拍卖。房地产开发商会根据自身需求，随机地在拍卖的土地中选择若干地块计算自身的买方投标价，并将其加入拍卖系统中。每一块土地都会保存一个列表，记录所有的开发商的买方投标价。在每一次土地市场组织的拍卖环节，政府作为卖方，形成并公布自己的卖方报价。随后，拍卖系统将收集所有房地产开发商的买方投标价和每一个地块卖方报价。

匹配过程中，按照报价的高低和先后顺序确定潜在的交易对象。按照价格的高低，将超过政府所制定的地块接受价格（WTA）的最高报价作为潜在的中标价格，把提供报价的房地产开发商作为潜在交易对象，进入交易价格磋商阶段。价格磋商假定采用土地市场采用最简单的磋商机制，即买方双方平分交易剩余，实际交易价格$P_L$为：

$$P_L=\frac{(P_{bid}+P_{ask})}{2}$$

其中，$P_L$是土地的交易价格，$P_{ask}$是政府提供的卖方报价，$P_{bid}$是最高的投标价格。

## （二）商品房市场

商品房市场是商品房的买卖双方进行交易的地方，分虚拟交易市场和实际交易市场。前者是在互联网等虚拟空间中完成的交易方式，后者是房地产中介等提供的匹配市场。在模拟房地产市场时，考虑到商品房具有较强的异质性，我们采用拍卖的方式来决定商品房的交易价格。

1. 商品房市场的需求者

商品房市场的需求者是城市的居民消费者主体。异质性居民主体的保留价格受其自身偏好、收入以及商品房的空间区位分布的影响。假定每个城市居民投入住房和交通的成本是已经确定的一个变量，为$Y_{housing}$。单位距离交通成本为$t$，商品房距离市中心距离为$d$，且每个人每天都有到市中心的需求。那么可以用于住房的消费为：$Y=Y_{housing}-t\times d$。

借鉴 Parker 和 Filatova（2008）的效用形式，使用一个柯布—道格拉斯形式的效用函数来计算用户的效用：

$$U = A^{\alpha} \times d^{\beta}$$

其中，$A$ 表示包括商品房的大小、环境设施等的一个综合因子，由房地产开发商建造房屋时确定，该值与房屋的成本成正比；$d$ 表示距离市中心（CBD）的相对距离，代表商品房空间位置的便利性。$\alpha$ 表示对商品房的大小、环境设施等的偏好，$\beta$ 表示主体对区位和便利性的偏好，$\alpha + \beta = 1$。由于区位对商品房的重要性，假定 $\beta > 0.5$。

我们将居民主体的保留价格（WTP）定义为：

$$WTP = \frac{Y \times U^{n}}{b^{n} + U^{n}}$$

其中，$Y$ 为可以用于住房的预算约束，$U$ 为效用值，$b$ 代表其他商品的相对价格水平。

2. 商品房市场的供给者

商品房市场的供给者有两种，一种是房地产开发商，另一种是卖出自有商品房的居民。作为追求利润最大化的市场主体，房地产开发商的保留价格与其开发成本和预期收益率直接相关。同时，还需要根据市场的供需状况和近期的市场价格进行调节。假定房地产商的预期收益率为，则房地产商的保留价格为：

$$P_{ask} = WTA \times (1 + \varepsilon)$$

其中，$r$ 为房地产商的预期收益率，$i$ 为利息率，$K(d,A)$ 表示在距离 CBD 距离为 $d$ 的位置开发住房属性为 $A$ 的商品房所需要的资金。

居民作为商品房的卖出者时，其保留价格应将其购买此商品房时的价格作为成本考虑，因此其保留价格应该为购置成本的折现，并在此基础上加上一定的溢价。同时，作为卖方，将会在市场可以接受的范围内将卖方报价设置的尽可能的高，以实现其最大化的利润。此时，其卖方报价为：

$$P_{ask} = WTA \times (1 + \varepsilon)$$

其中，$WTA$ 是购买该房产时付出的成本和期望收益之和。$\varepsilon$ 表示市场预期和供求关系。

3. 商品房市场的组织

商品房市场采用拍卖的方法来进行交易。每一个商品房的投标价格列表中都会保存卖家报价和一系列的买家报价，以供拍卖系统匹配交易双方。在每一个商品房交易阶段，卖方会首先决定要卖出的商品房，将其状态改为“待售”。然后计算这些商品房的保留价格和卖方报价，并将卖方报价作为公开信息公布，所有主体都可以获得。

居民消费者会随机地确定要搜索的 N 套（由于搜索能力的限制，N 小于全部待售的商品房总数，N 值由外生给定）处于出售状态的商品房，分别计算各个商品房的效用水平。居民主体会选择能够满足预算约束，并满足效用最大化原则的商品房，计算自己的买方投标价，并将其投标价格加入商品房的投标信息列表中。

拍卖系统将每个商品房的所有投标按照价格排序，选择最高的买方投标价作为潜在的交易对象，如果最高的买方投标价超过其保留价格，则撮合报价者与商品房所有者进入价格磋商环节，进行相关的交易。根据相关学者研究（Parker、Filatova，2008），采用何种拍卖机制并不会影响模型结果，意味着模型对如何划分交易剩余不敏感（Parker DC、Filatova T，2008）。假定商品房市场采用最简单的价格磋商机制，即买方双方平分交易剩余，则实际交易价格为：

$$P_R = \frac{P_{bid} + P_{ask}}{2}$$

其中，$P_R$是土地的交易价格，$P_{ask}$是政府提供的卖方报价，$P_{bid}$是最高的投标价格。

## 第四节　模型中的学习机制研究与商品房市场中的学习算法

以复杂系统理论为基础来研究经济系统，主要是采用基于主体建模的研究方法进行研究，利用主体之间的互动来研究经济系统的动态和未来发展趋势。因此，详细、准确、恰当地模拟主体的行为对研究结果的准确性有很大影响。

虽然基于简单行为模式的模型也可能会涌现出复杂的行为模式，但是简单的行为模式显然与真实的人类经济行为是不相符的。

在生物群体中，特别是人类社会中，一个重要特点就是群体中的个体具有广泛的适应性。适应性使人类具有学习能力，可以更好地适应自然环境和社会环境。通过复杂的适应和博弈，人类社会中产生了十分丰富、广泛、复杂的社会特性。因此，在建模的过程中，通过模拟人类的学习能力，可以更好地模拟系统的短期动态和长期演化过程，使系统的宏观和微观层次的动态更符合实际经济运行情况，提高模拟的准确性。

在基于主体建模的计算经济学中，加入学习算法是为了尽可能真实地模拟个体经济行为。现有的心理学已经建立了大量的有关人类学习的知识，为了尽可能真实地反映学习过程，学习算法要借鉴已有的认知科学和心理学的知识。虽然试验经济学也对人类的学习做了大量的研究，取得了丰硕的成果，但是目前我们对人类行为大部分的知识仍然来自心理学的相关研究。由于人类的行为极其复杂，不同的情形具有显著的差异，因此很难用一个通用的学习算法适应所有的情况（Duffy J，2006），研究者往往需要根据不同的学习场景开发不同的学习算法来开展研究。

## 一、模型学习相关研究

如何更好地认识和模拟人类的学习过程是经济学中的一个重要研究领域。早期研究可以分为两个大类，一类是贝叶斯学习方法，是描述最优化学习过程的规范学习模型；另一类是关注于均衡状态下的最优行为模式研究，该类中的很多研究的目的都是为了证明学习过程最终都会导致个体收敛于最优行为模式（Bray M，1982；Sarin R，Vahid F，1999）。随着研究的深入，大量的学习模型被应用于经济学研究中，其中最著名的是贝叶斯学习算法、最小二乘学习算法、强化学习算法、遗传算法、进化算法等。按照不同的分类方法，不同的学习算法可以分成多个类别。按照来源分类，可以将学习算法分为：基于心理学的学习模型（Bush - Mosteller 模型，参数化学习自动机）、理性基础模型（贝叶斯学习模型）、适应模型（学习方向理论（Learning Direction Theory））、信念学习模型（EWA 模型）、基于计算机技术和生物技术的模型（演化算法、进化模型）。按照学习算法使用的领域，可以将各种算法进行分类，比如宏观经济模拟中常用贝叶斯学习和最小二乘学习算法，试验经济学中常用强化学习算法、虚拟游戏算法和学习方向理论，演化算法和遗传算法常用于基于主体的计算经济学研究中。而博弈论研究中，倾向于使用虚拟策略应对算法、复制动态模型（replicator dynamics）和其他的适应性学习算法（Duffy J，2006）。按照学习行为是否有意识或者主动性，人类的学习行为有三种模式，第一种是无意识学习模式（Non – Conscious Learning），比如强化学习模型。这是一种多种生物都具有的学习模式，其大致过程是这样的；如果一种行为导致负产出或者惩罚，在将来会避免这种行为；相反，如果一种行为具有正产出或者带来奖励，那么会重复这种行为。这完全是一种无意识或者潜意识的行为，人们甚至不知道他们在学习。第二种是基于惯例的学习（Routine – Based Learning）模型，这是一种有意识的学习，包括 Roth – Erev 模型、EWA 模型、VID 模型等。第三种学习模式是信念学习模型，人们可以主动地去思考行为和结果之间的关系，理解周围环境和生命运行的机制，找出互动和结果之间联系的因果关系。这类模型包括随机信念学习、虚拟对策模型、遗传算法等。其中，基于惯例的学习可以看作一种简化的信念学习。因此学习模型也可以简单分为两大类，一类是无意识学习模型，另一类是信念学习模型。

## 二、现有的学习算法模型

### （一）强化学习算法模型

强化学习是一种自然的、无意识的学习行为，在动物身上广泛存在，与“巴甫洛夫反应”有一定的关系。经济学研究中常用的强化算法模型有三种，Bush – Mosteller 模型、改良算法模型和 Roth – Erev 模型。三种模型具有细微的差别，但是同样以强化算法的核心思想为基础，即增加将会带来更好的结果的行为频率，同时如果移除强化过程，将会导致行为的慢慢消失。Arthur 认为，Bush – Mosteller 模型和 Roth – Erev 模型的主要区别是学习速度。Bush – Mosteller 模型中的学习速度是线性的，而 Roth – Erev 模型中，随着经验的积累，学习速度按照双曲线收敛到 0。两个算法的另外一个区别是，Bush – Mosteller

可以处理负的收益，而 Roth - Erev 仅能处理正收益。下面以 Bush - Mosteller 为例，对强化学习算法进行介绍。

Bush - Mosteller model 模型是 Bush 和 Mosteller 提出的数学学习模型，其基础思想是将一个由概率向量 $p(t)$ 来确定的行为频率分布来代替人的行为（Bush RR，Mosteller F，1955）。在每一个时间 $t$，对于每一个行为 $a$，$p(a,t)$ 都会赋予其一个频率，表示该行为发生的概率。$p(a,t)$ 也可以表示行为习惯强度。Bush - Mosteller 是随机化模型，它可以预测每一个行为发生模式的概率，而不是预测行为模式本身。根据强化学习理论，习惯强度 $p(t)$ 会随着学习的过程而逐渐改变，从而会使不同的行为具有不同的出现频率。Bush - Mosteller 模型考虑了各种行为的奖励和惩罚，但是没有考虑各自的强度。后来 Cross、Börgers and Sarin、Brenner 等对 Bush - Mosteller 模型进行了丰富和拓展（Börgers T，1996；Cross JG，1973，1983）。强化学习的驱动力被定义为：如果一个行为产生正的收益，那么这个行为将会有正的强化强度；相反，如果一个行为产生负的收益，那么这个行为将会有负的强化强度。在线性的习惯强度公式下，当期的概率向量计算公式为：

$$
p(a,t+1) = p(a,t) + \begin{cases} v \times \prod(t) \times (1 - p(a,t)) & if\ a = a(t), \prod(t) \geqslant 0 \\ v \times \prod(t) \times p(a,t) & if\ a = a(t), \prod(t) < 0 \\ -v \times \prod(t) \times p(a,t) & if\ a \neq a(t), \prod(t) \geqslant 0 \\ v \times \prod(t) \times \dfrac{p(a,t) \times p(a(t),t)}{1 - p(a(t),t)} & if\ a \neq a(t), \prod(t) < 0 \end{cases}
$$

Bush - Mosteller 学习过程是一个马尔科夫过程，当期的学习进程仅受上一期的影响。该模型适合用于个体只能在有限数量的行为之间进行选择的学习场景，比如某几个价格或者某几个行动之间进行选择的情况，而不能用来在一个无限集合中确定某一行为发生的概率，比如一个价格区间的定价问题。

## （二）基于惯例的学习（Routine - Based Learning）

### 1. 改良算法（Melioration Learning）

与强化算法不同，基于人们认知过程的学习算法是人们有意识的学习过程。人们在日常生活中会记住一些经验，并在面对类似事情的时候，会利用这些经验去采取一些合适的行动。经济学研究中，基于统计学原理，研究者提出了大量的模型，用来探索人们学习的方式，最常见的是贝叶斯学习算法和最小二乘学习算法。在试验的基础上人们从另外的角度提出了一些学习算法，比如“近视学习算法”（myopic learning）、虚拟对策算法（fictitious play）、改良算法。这些模型都考虑了个体不仅会从行为的结果学习，同时也会通过其他个体的行为或事件进行学习。贝叶斯学习算法和最小二乘算法适合描述“信念学习”（Belief Learning）过程，而改良算法适合模拟经验积累过程中常规学习流程。

Vaughan 和 Herrnstein 于 1987 年提出改善学习算法，对于两个可能的行为 $a$ 和 $\overline{a}$，他们将其行为频率的调整过程描述为一个时间连续的过程。随后，Brenner and Witt 对他们的学习算法进行修改，使其更加完善。

$$\frac{dp(a,t)}{dt}=v(\overline{u}(a,t)-\overline{u}(\overline{a},t))$$

其中，$p(a,t)$ 表示可能花费在行为 $a$ 上的收入或者选择行为 $a$ 的可能性，$\overline{u}(a,t)$ 表示过去 $a$ 行为带来的平均效用，$v$ 是个单调增函数，$t$ 代表个体采用行为 $a$ 的时间点，表示这些 $a$ 行为发生的数量。

该式很容易扩展到两个以上的可选行为的情况。假定可选的行为集合为 $A(t)$，且假定是线性形式的函数，则改良学习算法由以下公式给出：

$$\frac{dp(a,t)}{dt}=p(a,t)\times v\times(\overline{u}(a,t)-\sum_{a\in A}p(\overline{a},t)\times\overline{u}(\overline{a},t))$$

在该算法中，产生最优效果的行动不会马上被采用，而是缓缓地被采纳。同时，改善学习算法可以考虑过去的经验，其方式是将过去的经验以一定的权重加入当前的计算收益的函数中：

$$\overline{u}(a,t)=\frac{1-\beta}{1-\beta^{t-1}}\sum_{\tau=0}^{t-1}\beta^{t-1-\tau}u(\tau)\times\delta(a(\tau))$$

其中，$u(\tau)$ 表示个体在 $\tau$ 时间获取的效用值，$a(\tau)$ 是在 $\tau$ 时刻采用的行为，表示个体记忆的时间的长度，$\delta(a(\tau))$ 是一个可变的状态量，当 $a(\tau)=a$，$\delta(a(\tau))=1$ 时，意味着 $t$ 时刻采用了行为 $a$；如果 $t$ 时刻没有采用行为 $a$，即 $a(\tau)\neq a$，则 $\delta(a(\tau))=0$。

2. 复制动态和选择变异方程

复制动态（Replicator dynamics）是进化博弈论的基础理论，它的基本思想来自生物学领域，即在学习的过程中，提高那些收益超过平均值的行为的频率，同时降低那些产出低于平均水平的行为的出现频率。其公式为：

$$\frac{ds(a,t)}{dt} = v(t) \times s(a,t)\left[\prod(a,t) - \prod(t)\right]$$

其中，$v(t)$ 表示学习进程的速度，也叫选择压力，表示淘汰表现较差的种群的速度，$s(a,t)$ 是采用策略 $a$ 的个体的平均收益，$\prod(a,t)$ 是物种 $a$ 在时间 $t$ 的适应度（fitness），表示所有个体的平均收益。

选择变异方程（Eigen，1971）的思想也来自生物学的研究。这个学习算法不仅考虑了复制动态，还考虑了生物的变异过程。选择变异学习算法可以写为：

$$\frac{ds(a,t)}{dt} = v(t) \times s(a,t)\left[\prod(a,t) - \prod(t)\right] + \sum_{a \in A}[\varepsilon < a \mid \bar{a}, t > \times s(\bar{a},t) - \varepsilon < \bar{a} \mid a,t > \times s(a,t)]$$

其中，$\sum_{a \in A}[\varepsilon(a \mid \bar{a},t) \times s(\bar{a},t) - \varepsilon(\bar{a} \mid a,t) \times s(a,t)]$ 表示基因变量 $a$ 变异为$\bar{a}$的可能性，$\varepsilon(a \mid \bar{a},\ t)$ 变异矩阵的选择是根据生物学上交叉、变异以及其他相似进程的概率。在经济学意义上，变异的概率表示个体从一种行为转移到另一种行为的概率。由于数学上难以处理，复制动态和选择变异学习算法主要用于研究学习过程。

3. 混合模型

由于不同的算法适合不同的特征，为了提出一个具有广泛适应性的学习算法模型，研究者尝试提出了混合学习模型，其中最为重要的混合模型是经验权重吸引力模型（Experience－Weighted Attraction，EWA）和变异模仿学习模型（Variation Imitation Decision，VID）。

EWA 强化学习算法是 Camerer、Ho 等提出的，将强化学习算法和基于信念学习结合起来，考虑了个体间的策略互动和策略空间中潜在被选择策略的影响（Camerer C、Hua Ho T，1999）。通过将强化学习算法和信念学习算法结合起来，EWA 模型从一定程度上实现了通用学习算法。

假定房地产市场中有 $n$ 个主体，编号为 $i$（$i=1, \cdots, n$），主体 $i$ 的策略空间为$S_i$，假定$S_i$由$m_i$个选择构成，即$S_i=\{s_i^{m1}, s_i^{m2}, \cdots, s_i^{mi}\}$。$S=S_1\times S_2\times S_3\cdots S_n$，是个体策略空间的笛卡尔积，代表了整个博弈的策略空间。假定主体 $i$ 的策略是$s_i\in S_i$代表了主体 $i$ 的策略，$s=(s_1, s_2, s_3\cdots s_n)\in S$ 是一个策略组合，$s_{-i}=(s_1, s_2, s_3\cdots s_{i-1}, s_{i+1}\cdots s_n)$ 是除了主体 $i$ 之外的其他选择。记 $t$ 时期参与者 $i$ 的收益为$\pi_i(s_i(t), s_{-i}(t))$。

EWA 算法假定主体的每一个策略具有一个魅力值（Attraction），学习模型在一开始初始化这个魅力值。在以后的决策过程中，主体根据具体策略的收益更新魅力值。策略的魅力值越高，其在决策中被选择的概率就越高。在 EWA 算法的每一个决策阶段，会更新两个变量，第一个变量是 $N(t)$，代表过去经验的权重（拥有较低 $N(t)$ 的个体不重视过去的经验，而拥有较高 $N(t)$ 的个体将对过去的经验赋予较高的权重，较为重视）。第二个变量是 $A_i^j(a,t)$，是在 $t$ 时期个体对策略 $j$ 的魅力值。策略 $j$ 对个体 $i$ 的魅力值更新规则为：

$$A_i^j(a,t)=\frac{\varphi\times N(t-1)\times A_i^j(a,t-1)}{N(t)}+\frac{[\delta+(1-\delta)\times I(s_i^j, s_i(t))]\times\pi_i(s_i^j, s_{-i}(t))}{N(t)}$$

$$N(t)=N(t-1)\times\varphi\times(1-\rho)+1$$

$\varphi$ 参数反映了个体在策略学习上的遗忘效应。在 $\varphi$ 很小的情况下，主体将会很快抛弃过去的知识并获得新的知识。$\rho$ 是魅力值增长系数，表示主体的学习速度。$\delta$ 是未选择策略的权重的重要性。$I(s_i^j, s_i(t))$ 为符号函数，当主体 $i$ 在 $t$ 时期选择策略 $j$ 时函数值为 1，否则为 0。

策略 $j$ 被选择的概率为：

$$P_i^j(a,t+1)=\frac{e^{\lambda\times A_i^j(a,t)}}{\sum_{k=1}^{m_i}e^{\lambda\times A_i^k(a,t)}}$$

$P_i^j(a,t+1)$ 随着魅力值$A_i^j(a,t)$ 的增加而增加。$\lambda$ 表示主体对魅力值的敏感度，敏感度受心理偏好等因素的影响。若策略 $j$ 为本阶段个体决策的选择，则 $I(s_i^j, s_i(t))=1$，魅力值为：

$$A_i^j(a,t)=\frac{\varphi\times N(t-1)\times A_i^j(a,t-1)+\pi_i(s_i^j,s_{-i}(t))}{N(t)}$$

其中，$\pi_i(s_i^j,s_{-i}(t))$ 为该次决策的收益，在模型中是居民个体或者开发商的收益。若策略 $j$ 在该阶段没有被选择，则 $I(s_i^j,s_i(t))=0$，魅力值为：

$$A_i^j(a,t)=\frac{\varphi\times N(t-1)\times A_i^j(a,t-1)+\delta\times\pi_i(s_i^j,s_{-i}(t))}{N(t)}$$

$\pi_i(s_i^j,s_{-i}(t))$ 可以通过经济学静态分析来计算，假设其他个体的选择不变，主体 $i$ 的决策不会影响市场价格。那么主体 $i$ 选择策略 $j$ 的收益可以通过市场价格计算得出。比如，房地产开发商增加一单位的商品房供给，可以认为不影响市场价格，按照这个价格可以计算其增加一单位产出的市场收益。在系统的运行开始时刻，对每一个策略赋予相同的魅力值，以后的每一期根据选择的收益更新魅力值、吸引子和策略的概率分布。

## （三）信念学习模型

1. 虚拟对策模型（Fictitious play model）

虚拟对策模型（Fictitious play model）是布朗研究纳什均衡时提出来的模型（Brown GW，1951）。该模型认为，个体会定义一系列的事件和这些事件的关系，并通过追踪这些联系之间的相似性来进行学习。假设 $t$ 时刻，该主体的行为为$a_i(t)$，则其对手的行为用向量$a_{i-}(t)$ 来记录。假设一个博弈中的个体会记录所有对手的行为，那么可以计算任何时刻每个行为在所有的对手中的分布频率 $p(a_{i-},t)$，对手的行为将会以同样的概率在未来重复出现。所以，期望可以由以下公式计算：

$$E(p(a_{i-},t))=\frac{1}{t}\sum_{\tau}^{t-1}\delta(a_{i-}(\tau)=a_{i-})$$

其中，当$a_{i-}(\tau)=a_{i-}$时，$\delta(a_{i-}(\tau)=a_{i-})=1$；当$a_{i-}(\tau)\neq a_{i-}$时，$\delta(a_{i-}(\tau)=a_{i-})=0$。对于不同的行为策略组合，个体可以计算其收益$\pi_i(a_i,a_{i-})$，因此个体的期望平均收益是：

$$E(\pi_i(a_i,a_{i-}))=\sum_{a_{i-}}\pi_i(a_i,a_{i-})\times E(p(a_{i-},t))$$

可以用这个公式计算每一个行为的收益期望值，并选择收益最高的行为作为自己的策略。虚拟对策模型不仅可以应用于学习其他对手的策略，也可以应用于学习其他对手应对某种事件的反应。个体可以观察这些事件之后对手采取的行动，因此可以通过虚拟对策模型来研究这些事件的影响，可以应用于信念学习。该模型假定事件是因果关系，之间的相似性是固定随机分布决定的，所有的个体必须尽可能地搜集最多的信息去计算近似的平均值。因此，对于过去学习越多，对环境的改变就越不敏感，虚拟对策模型不适用于持续改变的环境。同时，由于虚拟对策模型中个体需要记录所有过去的对策，这也与实际情况不符，限制了该算法的应用范围。

2. 贝叶斯学习算法

贝叶斯学习算法是最优化学习算法，它是利用条件概率计算最优行为的发生条件。假定每个人对他所面对的外部环境都有一系列的假设，记这个假设集合为 $H$，事件集合为 $E$，单独的事件记为 $e$。每个假设都有一个概率 $p(e\mid h)$，表示 $h$ 假设下 $e$ 事件发生的概率。在学习算法开始，每个假设都赋予同样的概率 $p(e\mid 0)$。表示个体对于假设 $h$ 是正确的估计。每次事件 $e(t)$ 发生后，个体更新其概率，同时针对每一个假设 $h$ 计算 $p(e(t)\mid h)$。之后，个体可以更新其信念：

$$p(h,t+1)=\frac{p(e(t)\mid h)\times p(h,t)}{\sum_{h\in H}p(e(t)\mid \tilde{h})\times p(\tilde{h},t)}$$

根据这个公式，个体可以预测一个事件未来发生的概率。对每一个假设 $h$，个体计算行为 $a$ 带来的平均效用，将效用和事件 $e$ 联系起来。

$$\tilde{u}(a,t)=\sum_{h\in H}\sum_{e\in E}u(e,a)\times p(h,t)\times p(e\mid h)$$

$\tilde{u}(a,t)$ 在经济学上被称为期望效用，个体通过这样的决策方法，采取最优的策略来最大化他的期望效用。

3. 最小二乘学习算法

最小二乘学习算法是一种最优化学习算法，它假定人们优化他们的行为策略的过程是一个最小二乘学习的过程（Bray M，1982）。模型假定人们对周围环境中的因变量做出一定的假设，这些因变量包括一些参数，比如 GDP、价格等，个体倾向于学习这些参数的变化规律。为了准确地预测这些参数的值，假定他们按照统计学的方法来进行参数计算，并假定他们按照实际值和预测值之差的平方和最小的原则来估计这些参数。

假定被解释变量 $y$ 和解释变量 $x$ 之间存在如下关系：

$$y_i = \beta_0 + \beta_1 x_i + \mu_i$$

利用最小二乘估计法可得到 $\beta_0$ 和 $\beta_1$ 的估计值 $\hat{\beta}_0$ 和 $\hat{\beta}_1$：

$$即，\begin{cases} \hat{\beta}_0 = \bar{y} - \hat{\beta}_1 \bar{x} \\ \hat{\beta}_1 = \dfrac{\sum (x_i - \bar{x})(y_i - \bar{y})}{\sum (x_i - \bar{x})^2} \end{cases}$$

其中，$x$，$y$ 为实际观测值，$\bar{x}$ 和 $\bar{y}$ 为 $x$ 和 $y$ 的均值，这样就可以得到 $y$ 的估计值 $\hat{y}$：

$$\hat{y} = \hat{\beta}_0 + \hat{\beta}_1 x_i$$

$\hat{y}$ 亦可作为 $y_i$ 的预测值，根据预测的结果，就可以做出相应的决策。

4. 遗传算法（Genetic Algorithms）

遗传算法最早由约翰·霍兰德提出，用于基于主体建模的学习模型，也是基于主体建模研究中应用最早的学习算法。遗传算法借鉴了生物学中的遗传、自然选择和变异等概念，通过模仿生物的进化对自然环境的适应过程来求解问题，是一种全局随机搜索优化算法，该算法是目前人工智能领域中最重要的学习算法之一。Arifovic 最早利用遗传算法来研究经济学中的问题（Arifovic J，1996）。有学者利用遗传编程的方法来研究人工股票市场中的学习行为，在其研究中提出了一个“学校”的概念，用来分析学习行为（Chen S、Yeh C，2001）。Steven M. Manson 利用遗传算法来研究墨西哥的土地利用演变过程，对研究方法进行了改进（Manson SM，2005；Manson SM，et al.，2012）。

### （四）选择学习算法的原则

不同的学习算法具有不同的特点，在研究中需要根据数据情况和模型中个体的实际学习机制进行选择。根据是否有意识，可以将学习算法分为有意识的学习算法和无意识的学习算法。有意识的学习算法又可以分为基于惯例的学习方法和基于信念学习算法。在实际的应用中，应该考虑以下两个因素来选择合适的学习算法。第一，要考虑学习场景的特点来选择学习算法，不同的学习场景具有不同的特点。第二，确定学习的场景之后，需要根据场景中的实际情况在相关的学习类型中选择合适的学习算法。无意识学习是一种无意识、本能性、类似巴甫洛夫条件反射的行为。常见的无意识学习行为包括小商品的冲动消费、隐性知识以及一些日常的互动，这些场景中的学习行为适用无意识学习模型。但是对于购买汽车、商品房等较大额度的消费来说，强化学习显然是不适用的，因为这些商品价格较高、使用期限较长、消费频率较低，错误决策将带来重大的损失。人们会利用有意识的学习能力，找到行为和结果之间的联系，减少错误决策的概率，提高决策收益。

无意识学习行为和信念学习行为在日常生活中存在非常广泛，二者各自有其优势。无意识学习行为的特点就是耗费较少的精力、决策速度快、具有类似“自动化”的特点，在日常生活中广泛存在，其缺点是难以应对变化，决策条件一旦改变将带来极大的不便。有意识学习的优点是可以应对复杂情况、决策准确，但是其缺点是耗费时间精力较多、需要一定的认知能力作为基础。一般来说，不适用有意识学习的场合都需要无意识的学习。其中，有意识学习的适用情形包括：（1）在新的环境中，缺乏明确的规则。此时需要个体采用有意识学习算法来避免损失。（2）对于长期导致低下产出的行为，主体有动力去改善它。（3）一些对主体而言十分重要的决策，将会采用有意识学习方法来决策，比如一些价格较高的消费品和涉及个人重大利益的事务等的决策。

建模者需要根据数据情况、模型中学习算法的复杂度以及模型模拟学习算法的细节程度来决定具体的算法。（1）选择的模型要能够恰当地描述实际的学习过程，这可以根据已有的学习过程的相关信息来确定。（2）可以考虑采用那些能产生与事实数据的典型特征相符的算法，而不用关注学习模型的细节，这样的要求在基于主体建模的计算经济学中很常见。（3）一些根据古典经济学理论进行建模的模型会考虑一些可以收敛于均衡的学习模型。（4）一些研究者旨在开发更聪明或者最优化的学习方法。因为计算经济学不仅涉及实证经济学，也有一些规范经济学的目的，比如考虑一些不同经济结构下的经济系统运行情况等。

### （五）学习算法参数的校准

学习算法一般都具有较多的参数，需要根据实际的数据对参数进行校准。但是学习算法在参数校准过程中存在一系列的困难，首先，现有的经济试验能够提供的数据是非常有限的，很多参数甚至不存在具体数据；其次，参数可能因人而异，这部分数据极难获取。这个问题需要根据研究目的和参数类型来区别处理。如果学习模型选择恰当，那么建模者对于模型参数的可能分布区间应有一定的了解，经验数据可以帮助研究者缩小取值范围。研究过程中需要对取值范围内所有的参数组合进行分析，最终确定合适的参数。Werker 和 Brenner 认为蒙特卡洛方法适合于这一个参数确定过程（Werker C，Brenner T，2004）。如果拥有学习过程的数据，可以参考 Zellner 和 Arnold 的相关研究，采用贝叶斯方法来确定模型的参数（Zellner A，1996）。

## 三、模型中的学习算法

主体的行为规则决定了主体在其策略可行集合内部以何种方式来选择具体的行为策略，它会影响每一个主体在各个时期的行为，从而决定了市场整体运行情况。主体的学习算法会影响主体的行为规则，因此在主体学习算法的研究过程中我们以主体的行为为主要研究对象。主体通过学习调整自己的行为策略最终改变自己的行为，从而获取更大的收益，在研究的过程中，我们仅考虑商品房市场的两个主要的参加者，房地产开发商主体和商品房购买者，研究他们的学习算法对其行为的影响以及对整个商品房市场动态的影响。

由于模型中假定所有的价格都是由市场供求动态决定的，所以一旦市场建立起来之后，所有的参与者都是价格接受者。因此主体的决策都是购买数量决策，对于房地产开发商来说是购买土地的决策，对于居民消费者主体来说，是商品房消费或者投资的决策。基于这些考虑和假设，我们分析各个主体的学习算法，并对具体算法的相关参数做出初步的估计。

### （一）房地产开发商的学习算法

#### 1. 房地产开发商主体的学习算法

我们假定政府的土地供应量是外生给定的，这样有利于我们在模拟政府的调控政策时将土地供应量作为一个外生变量来考虑。房地产开发商从政府购买土地，开发成商品房并出售给居民主体，假定房子的属性 A 是均匀分布，所需要的投资的期望可以根据商品房的数量估计出来。由于房地产开发商是价格接受者，开发商主体所面临决策问题主要是数量决策，即对开发商来说：在每个土地拍卖周期增加、不变或者减少所要购买的土地数量。房地产开发商的决策变量是购买土地的数量。

由于房地产商关于土地数量的决策是关乎其经济利益的重大决策，决策失败或者较低的决策质量将带来直接的经济损失。同时，房地产市场是一个周期非常明显、价格波动较大的市场，需要不断地更新其策略，以实现利益最大化。因此，与此相关的学习过程是有意识学习过程。考虑到各类有意识学习算法的特点，模型中的开发商主体采用 EWA 强化算法来进行土地购买数量决策。EWA 是一种通用的基于惯例的学习方法，可以很好地应对市场的波动过程。

2. 算法实现过程

假定最初，每个开发商购买 $n$ 单位的土地，假设开发商不存在“囤地”行为，开发商主体购买土地的数量就等于供应市场的商品房的数量（$n$ 为初始购买的土地数量）。开发商用上一期的收益计算每一个策略的魅力值，并根据魅力值来选择下一期的策略。在系统中，每一期开发商主体具有三个策略，增加一单位的土地购入，减少一单位的土地购入和维持上一期的购买量不变。因此开发商的策略空间为：$\{S_i, S_d, S_h\}$。$S_i$ 表示增加一单位的土地购买策略，$S_h$ 表示维持原来的购买规模不变的策略，$S_d$ 表示减少一个单位的土地购买策略。从第二个开发周期开始，开发商都要更新其策略空间中的策略采用的频率。具体工作需要更新 EWA 算法中的以下几个参数值：

（1）吸引子。吸引子代表了个体学习的经验积累情况，其计算公式是一阶滞后方程的形式 $N(t) = N(t-1) \times \varphi \times (1-\rho) + 1$。其中重要的参数是 $\varphi$ 和 $\rho$，前者表明个体对过去经验的重视程度，$\rho$ 表明个体学习新知识的速度。

（2）魅力值。魅力值表示一个主体在当期环境下，在一次博弈中采取某种策略或行为获取的收益。策略带来的收益越高，该策略的魅力值也越大，在未来的博弈中出现的频率越高。魅力值的计算要涉及计算 $\pi_i(s_i(t), s_{-i}(t))$，表示个体选择 $i$ 策略时的收益。如果该策略与该主体选中的策略相同，策略收益等于实际获得的收益。对于未选中的策略，其收益需要根据市场的具体情况采用经济学静态分析的方法来进行估算。比如，如果个体没有购买商品房，那么可以通过以下步骤计算其购买一个商品房的收益：首先，假定个体的一次购买行为不影响市场情况；其次，根据上一期的决策环境模拟一次商品房购买流程，并用当前的市场价格计算收益和损失，分别计算策略空间 $S$ 中所有策略的魅力值，计算公式为：

$$A_i^j(a,t)=\frac{\varphi\times N(t-1)\times A_i^j(a,t-1)}{N(t)}+\frac{[\delta+(1-\delta)\times I(s_i^j,s_i(t))]\times\pi_i(s_i^j,s_{-i}(t))}{N(t)}$$

（3）策略空间中策略的采纳概率分布。在计算每个策略的吸引子和魅力值之后，可以按照策略魅力值的大小来决定策略的出现的概率，其具体计算公式为：

$$P_i^j(a,t+1)=\frac{e^{\lambda\times A_i^j(a,t)}}{\sum_{k=1}^{m_i}e^{\lambda\times A_i^k(a,t)}}$$

其中，$\lambda$ 为个体对吸引子的敏感性，该值越高，吸引子对策略频率的影响越大；$m_i$表示个体可以选择的策略的个数，此处$m_i=3$。该频率计算采用类似轮盘赌模型，频率值与策略的魅力值的指数次幂与所有魅力值的指数和的比例成正比，比例越大意味着策略的魅力值越大，该策略被选中比例也就会越高。分别计算各个策略的概率分布之后，在决策阶段，主体会根据计算所得的策略的频率分布，从其策略空间 $S$ 中选择一个策略去执行，概率越高的行为被选择的概率也越高。

算法的伪代码如下：

```
循环开始：
        更新吸引子
        更新魅力值
        更新策略空间的选择概率
下一个循环
```

### （二）基于预期的网络化主体学习模型

一个典型的商品房市场中，购买商品房的消费者有两个大的目的：一个是自住，另一个是投资。居民主体根据自身的预算约束和商品房市场的情况来决定购买、卖出或者持有商品房。主体收集环境信息和自身状态并与环境进行互动，根据在互动中获得的收益和损失来获取知识并适应环境。

但无论对于哪一种消费者而言，购置商品房都需要投入大量的资金，对居民消费者来说都是一笔不小的开支，因此一般个体的商品房交易的频率会非常低，这个情况就决定了商品房市场上的居民消费者难以使用那些需要高频率交易来累积数据的学习算法。而基于经验加权的策略吸引力学习算法（EWA）具有一定的优势，比如计算策略的吸引力可以根据经济学静态分析来完成，不用真实地去进行市场操作。市场信息通过加工处理，成为策略集合中的行为映射，并用来指导以后的行为；而策略集合中的策略可以根据实际的收益进行调整，各个策略的绩效最终对策略的使用频率产生影响。在这个学习过程中，主体作为适应性的个体，通过对市场信念的学习、传承和新的认识，改变整个市场的行为频率分布，从而引起整体市场的改变。

但是基于 EWA 算法模拟居民主体的行为过程有两个缺点：第一，没有考虑居民的预期对于居民决策的影响；第二，仅仅根据收益来决定策略的吸引力值，没有考虑其他居民主体之间的模仿和学习。在本书的研究中，对 EWA 学习算法进行修改，提出了一个基于预期和网络化学习的经验加权学习算法，来研究居民消费者主体的决策。

当系统最初状态时，假定所有的居民主体都不拥有任何房产，所有没有住房的居民主体都会倾向于购买一套商品房。因此，每个人的初始策略选择都是购买一套商品房；购买一套商品房之后，将根据策略的收益情况，更新每一个策略的魅力值，并根据策略的魅力值计算每一个策略的概率分布。居民主体有三种策略可选：（1）购买一套商品房；（2）卖出已有的商品房；（3）持有现在的货币或者房产，不采取任何行动。即$m_j=3$。

预期是人们对于未来市场走势的看法。对于商品房市场来说，预期就是对未来房价走势的期望和预测。人们不仅仅根据过去经验来做出决定，还会根据过去发生的事情来预测未来的趋势。对于个体来说，这个预测可能会不准确，这正是所谓“企业家精神”的一部分，伴随着一定的风险，但是也可能会带来一定的收益。假定人们对未来的预期为 $e(t)$，每个个体的 $e(t)$ 表示个体对 $t$ 时刻的商品房价格走势的预测。最简单的预测方法就是每个个体根据供求关系来预测未来的商品房价格走势，假定个体对未来的预测是三个方向，上涨、持平和下跌。令$\varepsilon_i=\dfrac{N_b-N_s}{N_b+N_s}$，$\varepsilon_i$表示 $i$ 个体观测到的市场上供求关系情况，$N_b$、$N_s$分别表示市场上的卖出供给数量和购买的数量。假设对于个体来说，房价波动的阈值为$\psi_i$，即如果价格涨跌幅在 $\pm\psi_i$之内，则认为价格是持平的。假定个体的预期与其观测到的市场供求和涨跌幅阈值有关，则：

$$e_i(t)=f(\varepsilon_i,\psi_i)=\begin{cases} f(\varepsilon_i-\psi_i)\varepsilon_i>\psi_i>0 \\ f(|\varepsilon_i|)-\psi_i<\varepsilon_i<\psi_i \\ f(-(\varepsilon_i+\psi_i))\varepsilon_i<-\psi_i<0 \end{cases}$$

其中，$f(\varepsilon_i,\psi_i)$ 是个体计算涨跌概率的函数。将$e_i(t)$ 写为矩阵形式 $e_i^{m_j}(t)$ 表示个体预期中，每一种策略的概率。所以，附加预期后的策略吸引力为$e_i^{m_j}(t)$ 和$A_i^{m_j}(a,t)$ 的 Hadamard 积①：

$A_i=e_i(t)\times A_i^j(a,t)$

模仿行为在很多基于信念的学习方法中都具有重要的地位，比如在遗传算法，交叉（cross）是保证优秀基因在种群中快速扩散的重要机制。事实上，在实际的经济活动中，人们也具有明显的模仿行为。对因某一经济行为策略获得巨大收益的个体，人们会对其行为进行模仿，该行为策略在经济活动中的频率会迅速上升。比如商品房市场中的炒房行为，早期炒房者在获利之后，其他人会进行模仿，进入市场炒房，这将进一步抬高房价。

模仿的模拟过程如下：按照设定的概率，个体会搜索一定范围内所有个体的收益情况，并选择收益最大的个体作为学习对象，模仿该个体的策略行动。假定模仿学习的概率为$p_m$，模仿的算法如下：

$\tilde{A}_i^{m_j}=f\ (A_i^{m_j},\ \hat{A}_k^{m_j})$

其中，向量 $A_i^{m_j}$是一个 $m_j\times 1$ 的向量，表示 $m_j$个策略对 $i$ 个体的魅力值；$\hat{A}_k^{m_j}$是一个$m_j\times 1$ 的向量，表示 $m_j$个策略对 $k$ 个体的魅力值，同时 $k$ 个体是取得最佳收益的个体。经过计算之后的 $\tilde{A}_i^{m_j}$是个体 $i$ 学习之后的策略吸引力向量。$f(A_i^{m_j},\ \hat{A}_k^{m_j})$ 是学习函数，最简单的学习函数是算术平均数的形式：

① 表示两个向量之间相同位置的元素的乘积。计算公式为$(A\times B)_{ij}=\{A_{ij}\times B_{ij}\}$。

$$f(A_i^{m_j},\hat{A}_k^{m_j})=\frac{A_i^{m_j}+\hat{A}_k^{m_j}}{2}$$

计算完成各个策略的魅力值之后，采用类似轮盘赌的模式计算实际的策略概率分布：$P_i^j(a,t+1)=\dfrac{e^{\lambda\times A_i^j(a,t)}}{\sum_{k=1}^{m_i}e^{\lambda\times A_i^k(a,t)}}$，其中 $\lambda$ 参数代表个体对魅力值的敏感性。在决策过程中，个体按照各个策略的概率分布选择实际的概率。

# 第四章　基于主体的经济系统网络化建模
## ——以商品房市场为例的仿真实现

对于较为简单的经济学模型来说，可以直接采用数学方法来描述和研究。但是基于多主体建模的模型通常具有较高的复杂性，常规的数学分析建模的研究方法难以对其进行有效研究，采用计算机编程开发实现是其研究方法中不可或缺的重要部分。由于建模过程中有非常大的自由度和复杂性，模型之间差异非常大，对建模过程的详细描述就需要包括模型的实现过程，以下将对模型的开发实现过程进行描述。

本章采用计算经济学的研究方法，结合中国商品房市场的特点，根据前文设计的概念模型从底层开发实现了一个“基于主体建模的商品房市场模拟系统”，系统模拟一个城市的商品房市场运行过程，并在系统内部模拟执行一系列的政策。模型充分考虑了我国商品房市场的特点，具有丰富的参数空间和较高的建模灵活性，可以根据城市商品房市场的特点调整参数配置；考虑了居民收入结构、宏观经济波动、政府的调控政策、居民倾向等因素的影响。模型中包含了四种主体和三类市场：政府主体、房地产开发商主体、银行主体和居民主体共四类主体；以及土地市场、商品房市场和信贷市场三个与商品房交易密切相关的子市场。模型还考虑了主体之间的互动、主体对市场信号的反应等、主体在不同时间尺度上的异步决策、主体的学习和进化等特性（李长银，2015）。

## 第一节　常见的仿真实现途径及模型的特点

根据仿真的实现途径，目前的基于主体研究可以大致分为两种。一种是依托现有的一些仿真平台如 REPAST、SWARM，以及一些现有的仿真语言工具，比如 NETLOGO 等仿真语言，在其基础上进行建模，开发实现自己的仿真模型。这种途径的优点是工作量较小、开发工具方便、有较多的研究成果可以借鉴、工具标准化，便于交流；但是采用现有平台的缺点是不够灵活，容易被平台禁锢，难以根据具体情况进行定制化、程序执行优化较难，难以实现大规模的模拟仿真，不利于进一步的深入研究。基于主体建模是自由度很高的建模方法，由于研究对象、研究侧重点、研究投入等的差异，模型之间也会有较大的差异，利用现有平台进行开发带来便利的同时也会带来较多的限制。另一种方法是利用高级计算机开发语言，从底层开发实现一个模型。这种实现途径在一些大型项目中较为常见。比如圣塔菲研究所开发的 ASPEN 模型、欧盟开发的 EUACE 项目，都是从底层完全开发实现的一整套模型组件。这样做的好处是比较灵活，体系性较强，未来也容易扩展，同时还具有自主知识产权；缺点是开发的难度较高，需要投入较多的人力物力，并且难以与其他模型进行比较研究。

本书将网络理论和复杂系统理论结合起来，来研究商品房市场，研究的实现过程要比一般的基于主体建模更加复杂。这对模型的编程开发、主体间通信、主体的学习算法、模型运行优化等诸多方面都具有较高的要求，现有的通用建模平台和建模工具难以完全满足建模的要求。因此，考虑到模型的灵活性、可扩展性和模型性能优化和调整，本研究采用上述的第二种建模途径，利用自主开发的办法，开发一个基于主体的商品房市场模拟模型。研究采用 VC ++高级计算机开发语言作为开发语言，采用微软公司的集成开发工具（IDE）Virtual Studio 作为开发工具。VC ++是一个面向对象的编程开发语言（OOP），具有良好的编程灵活性和执行效率。Virtualstudio 是微软公司开发的集成开发工具，包括代码编辑器、编译器、调试器、资源编辑器等，是一个高效开发工具。

## 第二节　基于主体的商品房市场网络化模拟模型的实现

基于主体的商品房市场网络化模拟模型采用面向对象编程的方法，对概念模型中的主要设计进行实现。用类封装主要的主体和个体，用类的方法来实现主体的学习、主体之间的互动、博弈过程。主要内容涉及以下几个方面：第一，模型中主体所存在的环境的实现方式；第二，模型中的主体的实现方式、主体之间互动的算法；第三，模型中关键算法和机制的实现、执行的逻辑顺序。

## 一、模型中的环境类和辅助类

### （一）模型中的空间和时间模拟

模拟中将城市投影到二维平面中，用二维网格来表示城市中的商品房。投影的过程中会进行一定的简化，比如简化掉道路、学校、医院等带来的交通便利性以及附加价值，仅仅按照商品房距离城市中心的远近来决定商品房的价值。在模型完成之后，可以很容易对模型中的城市空间进行扩展，增加学校、医院、交通等带来的商品房的价值增值。初期仅考虑一个城市空间的简化模拟方案，这样做有两方面的好处。一方面是方便建模，从主体之间互动和系统涌现的研究角度出发，忽略影响商品房市场的次要的信息，突出研究的重点。另一方面是便于编程实现和结果展现，便于编程过程中对商品房和土地进行定位和索引，也能直观地用图形表示出城市空间的状态，便于输出结果的展现。

如图 4－1 所示，图中每一个网格代表一块土地，所有的土地一起代表了城市空间。其中网格的中心点代表了城市的中心点，在不存在其他的城市中心或者功能中心的情况下，距离城市中心的距离代表了土地或者商品房便利性。每一块土地都有其自身的属性，包括位置坐标、土地类型（商品房、土地）、所有者、交易价格、距离市中心的距离等。

商品房是在原有土地之上开发的，其空间位置属性与原有的土地网格重合，与土地不同的是商品房具有一系列的附加属性。因此，商品房类是继承于土地类的，其诸多属性都与土地类相同。但是商品房类具有一些自有属性，比如商品房的建筑质量、配套绿化、户型等属性，这些因素用一个综合的指标 A 来代替。A 值的大小由开发商在开发过程中决定，一旦形成就不能改变。为了配合一些后续的商品房市场政策模拟，商品房还需要增加一些特别的属性，比如是否是第二套房等的判定。具体的属性见表 4－1、图 4－2。

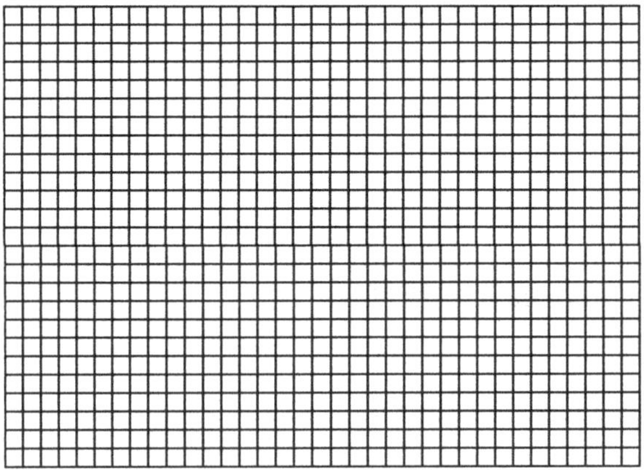

图 4－1　城市的二维网格模拟方法

表 4－1　土地类的主要内容

| 属性 | 类型 | 描述 | 属性 | 类型 | 描述 |
| --- | --- | --- | --- | --- | --- |
| X，Y | int | 位置属性 | IstradeOrNot | bool | 是否买卖 |
| TypeOfCell | int | 土地类型 | DistanceFromcbd | float | 与市中心距离 |
| Tradeprice | float | 交易价格 | cost | float | 成本 |
| Owner | Trader* | 所有者 | | | |

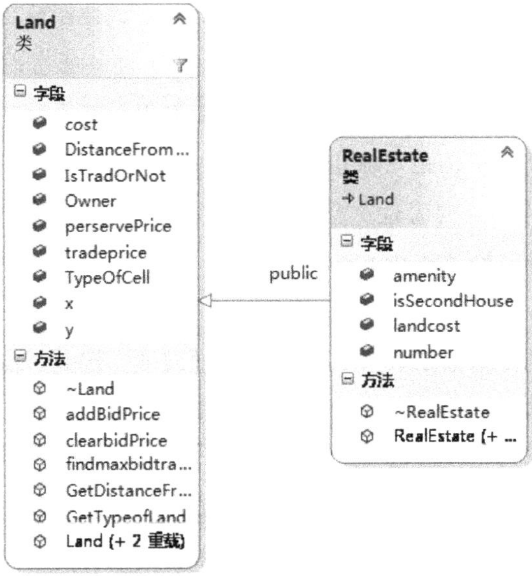


图 4－2　土地类和商品房类

模型中的时间控制是一个复杂的问题。一方面，全局时间要按照一定的时间刻度来向前走；另一方面，个体按照各自的活动周期或者决策周期进行活动。因此，需要在全局设置一个时间变量，控制全局时间维度上的模型运行。time 变量是个整型变量，用于记录和控制模型中的时间运行，模型中时间尺度是用 time 变量控制的。土地市场的拍卖周期、商品房市场的交易周期、主体收入、主体决策等都与时间变量相关。

## （二）Market 类

Market 类是商品房市场的主体类，是整个系统的核心。Market 类封装了模拟市场运行所需要的所有元素，其中包括市场中各种主体类的对象（消费者居民主体、房地产开发商主体、银行主体和政府主体）、各种市场组织方法（城市空间模拟、土地市场、商品房市场、金融市场）、输出结果展示类的对象、各种模型运行的参数等。同时，Market 的函数 RunMarket( ) 是整个模型运行的入口程序，该方法驱动模型中所有的市场的运转、主体之间的互动、学习进化等。下面，对 Market 类的结构进行说明，然后对整个模型的执行顺序和一些关键的方法进行详细阐述，见图 4－3。

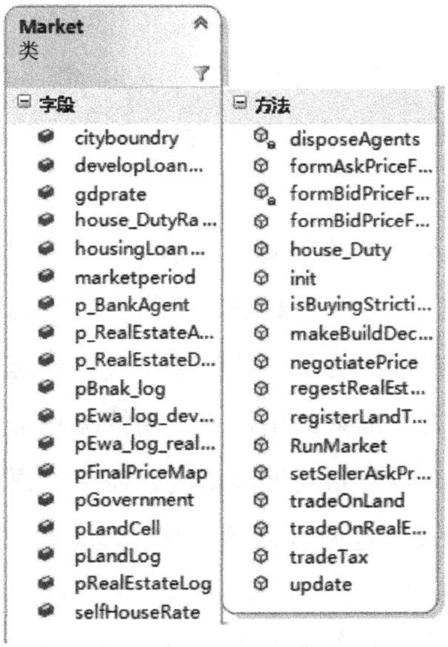


**图 4－3　Market 类的字段和方法**

1. Market 类中的变量可以分为如下几类：

(1) 模型参数类

模拟的过程中涉及大量的参数，其中有的需要在模拟之前提前设定，有的需要在模拟中进行修改。不论是提前设定还是运行中修改，这些参数都是模型中主体运作的环境，因此参数值都需要存储在 Market 对象中，便于程序初始化调用和运行过程中使用。模型中主要的参数有以下几类：城市模拟参数（描述了城市的状态，包括网格的数量、网格间的距离）、主体数量参数、政策模拟参数开关（用于模拟各种房地产调控政策，包括房产税政策、限购政策、房产交易税政策）、居民消费者效用计算参数（包括 b 值、alpha 值、beta 值）、学习算法相关参数（包括学习魅力值敏感度参数 $\lambda$、主体学习新知识的速度 $\rho$、个体的对过去经验的重视程度 $\varphi$、初始的吸引子 $N(0)$ 的值）。

(2) 主体类对象

Market 中的对象主要包括四类对象的句柄，通过这些句柄可以调用对象属性和方法。pGovernment 存储的是政府类的对象指针，政府主体的数量只有一个。pLandCell 是一个多维数组变量，存储的是 land* 类型的对象，表示整个网格，其数量由参数决定。p_RealEstateAgent 是一个存储 RealEstateAgent* 类型的指针数组，表示市场中居民消费者主体。p_BankAgent 是一个 BankAgent* 类型的数组，存储了所有的银行主体的对象。p_RealEstateDeveloperAgent 是一个 RealEstateDeveloperAgent* 类型的数组，存储了所有的房地产开发商主体的对象。

(3) 数据记录、结果输出类的对象句柄

模型运行过程中会产生大量的数据，包括市场波动信息、个体之间互动信息、个体学习产生的信息等。为了方便模拟完成后对模型产生的结果进行分析和调试，需要对每一个交易周期的主体的互动情况和市场运行情况进行详细记录。同时，为了便于实时监控市场波动情况，需要在模型运行过程中，将市场波动信息实时地呈现出来。这两方面的工作由 Market 中的数据记录对象和实时结果绘制对象来进行处理。

Tradeinfo 类是一个模型运行数据处理类，负责模型运行过程中数据的搜集、存储、计算和分析的类。tradeinfo 对象中存储了每个交易周期中的土地交易数量、商品房交易数量、商品房交易额、土地成交额、土地平均价格、商品房平均价格等信息。模型中的 Chart 变量是 ChartObject 类型的对象。ChartObject 是一个图像绘制类，可以利用数据绘制折线图、条形图等一系列图形。Chart 对象用于绘制市场模拟结果，可以在折线图中实时输出商品房市场运行过程中土地成交量、土地平均成交价格、商品房成交量、商品房平均成交价格等信息。

2. Market 对象中的一些函数在模型运行过程中发挥重要的作用，包括初始化模型运行、驱动模型运行、市场交易辅助类函数等。根据功能区分，Market 中的函数可以分为以下几类：

（1）模型的初始化和反初始化函数

初始化的过程要完成两方面的工作，一方面创建必要的类的主体，这些封装完善的类是各类主体在程序中的存在形式，初始化操作就是将这些主体创建出来，用于下一步的模拟操作；另一方面，要根据参数对主体进行必要的初始化操作。

void init( ) 是模型中的初始化函数。在程序运行的初始化阶段，Market 对象调用 init( ) 函数，对模型进行初始化。初始化过程按照一定的次序，逐步对参数、主体、学习算法对象等进行初始化。第一步，完成模型空间和时间的初始化工作。包括初始化网格数组变量，初始化每一个网格的土地类对象，初始化时间对象。第二步，读入事先配置的参数值或者研究者输入的模拟参数，并根据这些值对模型参数进行初始化。第三步，根据参数值中主体的数量、主体特有的属性等参数值初始化模型中各类主体类的对象，并建立主体之间的网络。第四步，创建模型中的学习算法类、结果输出类、数据统计类，并根据模型参数对这些类进行初始化操作。

而反初始化函数完成的是与初始化参数完全相反的工作，比如销毁各类对象、释放分配的内存、释放一些系统句柄，将数据输出文件保存到输出文件中等。void DisposeAgents( ) 是系统的反初始化函数，它在模拟结束时执行，它将销毁对象并释放各个对象申请的内存、图形绘制句柄等资源。

（2）模型运行的驱动函数

voidRunMarket( ) 是 Market 类中最重要的函数，用于驱动整个模型中各个市场的运行。在每个时间运行周期，Marekt 对象都会调用 RunMarket( ) 函数，完成相关的市场运行、主体互动等操作。RunMarket( ) 函数首先根据土地交易市场的交易周期和当前的时间，判断当前的在土地交易周期，其次会调用Market类中的TradeOnLand( ) 函数，该函数组织土地拍卖市场，撮合土地市场中的卖方和买方之间的交易，为下一步的商品房开发做准备。完成土地交易之后，RunMarket函数会调用makeBulidDecision( ) 函数，根据相应的时间周期，调用商地产开发商主体的建造函数，完成房地产开发商主体的商品房开发建造任务，投入资金将土地开发成为商品房供给市场。紧接着，RunMarket函数会调用update( ) 函数，更新系统的信息，并扫描所有的市场供给和需求方的状态，统计相关的市场供求信息，形成一些重要的市场参数。随后，RunMarket调用TradeOnRealEstate( )，组织房地产交易市场，撮合商品房市场中的买方和卖方的交易，这是模型中关键的一步。

完成土地交易和商品房交易之后，RunMarket函数会调用相关的智能主体的学习函数，各个主体根据这一个时间周期内的决策、市场波动情况和收益，更新其策略集合的频率。随后，RunMarket函数调用相关的数据收集对象中的相关方法，记录相关的主体互动、学习、决策、交易等信息。数据收集类会对这些信息进行初步的加工整理，并调用绘图类对象，将结果输出到图形界面的三个视图中。

(3) 组织市场交易的相关函数

组织市场交易的相关函数是Market函数中最重要的函数之一，也是整个模型中最为关键的一部分。市场组织函数组织土地市场、商品房市场、信贷市场中的买方和卖方，搜集双边的市场需求信息，执行拍卖者的角色，并将成功的交易进行注册和登记。最重要的六个市场交易辅助类函数是TradeOnLand( ) 函数、TradeOnRealEstate( ) 函数、NegotiatePriceForLandTrade( ) 函数、NegotiatePriceForRealEstateTrade( ) 函数、RegisterLandTrade( ) 函数、RegisterRealEstateTrade( ) 函数，以下分别对这六个函数的主要执行内容进行阐述。

TradeOnLand( ) 函数是土地交易函数，市场的参与双方是政府和房地产开发商。市场的组织方式是采用拍卖的方式，TradeOnLand( ) 函数模拟了土地拍卖行的角色，共分为五步完成土地市场的撮合和交易。第一步，tradeOnLand( ) 函数调用政府主体类pGovernment对象的makeSellDecisionOfland( ) 函数，确定当期卖出的商品房的数量、位置。第二步，调用pGovernment对象的formAsk-

Price( ) 函数，形成商品房的卖方报价。第三步，系统调用房地产开发商主体的 formBidPriceForRealEstateDeveloperAgent( ) 函数，形成开发的买方投标价。第四步，Market 对象调用其内部的 negotiatePriceForLandTrade( ) 函数中，组织买卖双方磋商，形成最佳的交易价格。第五步，调用 Market 函数中的 registerLandTrade( )，将土地所有权从政府转移到房地产开发商，并按照磋商形成的交易价格将资金从开发商划拨到政府手中。至此，完成了土地市场的交易。

TradeOnRealEstate( ) 函数是商品房市场交易组织函数，其流程与土地市场组织交易类似，大致流程分为六步。第一步，调用 calculateEpsilonOfRealEstate( ) 函数，计算买卖双方的供求情况，作为公有的市场信息提供给所有的市场参与者。第二步，房地产开发商是市场中的卖方，根据获取的市场供求情况，调用 formAskPriceForRealEstate( ) 形成卖方报价。第三步，计算居民消费者的效用，并搜寻效用最大的房子作为购买的潜在对象。居民消费者是市场中的买方，根据有限能力和有限理性的设定下，其只能搜寻一定数量的商品房。调用 findMaxutilityForRealEstateAgent( )，计算每个搜寻范围内的商品房的效用，找出效用最大的商品房，作为自己的潜在购买对象。第四步，撮合信贷市场，如果个体需要按揭贷款，可以向银行申请，银行会审核自身的资金情况和申请人的收入和资产情况，做出是否发放贷款的决定。第五步，对每一个商品房找出最大的投标者，调用 negotiatePriceForRealEstate( ) 函数，对最终的成交价格进行磋商，如果磋商成功，则进入下一阶段。第六步，对于磋商成功的交易双方，系统调用 regestRealEstateTrade( ) 函数，将商品房的所有权从卖方转移到买方，并按照交易价格，完成资金的反向转移。

NegotiatePriceForLandTrade( ) 函数和 NegotiatePriceForRealEstateTrade( ) 函数是交易磋商函数，其实现细节是相似的，在此作为同一类函数进行叙述。该函数首先判断买方投标价是否高于卖方的底价，如果高于这个底价，则进行下一步的判断。如果个体或者企业的资金不足于支付商品房的价格，则会调用银行信贷市场，对银行和信贷需求方（居民消费者主体或者房地产开发商）进行撮合信贷交易。如果撮合交易成功，函数会计算交易价格，并将交易价格记录到商品房的相关信息记录中。

RegisterLandTrade( ) 函数和 RegisterRealEstateTrade( ) 函数是交易注册辅助函数，在成功完成磋商之后，会根据确定的交易价格，完成商品房的过户手续、资金转移手续等。如果执行房产税等政策模拟，还会有相关的税费缴纳等。完成这些工作之后，交易注册函数会将交易信息记录到相关的输出文件中，交易信息包括交易价格、交易双方的编号、交易的时间等。

## （三）学习类

主体学习和博弈是模型中重要的内容。EWA_Learning 是一个基类，其中封装了经验权重的学习算法（EWA）的主要接口和基本实现。房地产开发商主体以及居民主体需要根据自身的学习过程对 EWA_Learning 算法进行继承和扩展。扩展的方法是创建两个从 EWA 类公有继承的子类，并对相关的方法接口进行重载实现。具体的类的继承顺序结构如图 4－4 所示。

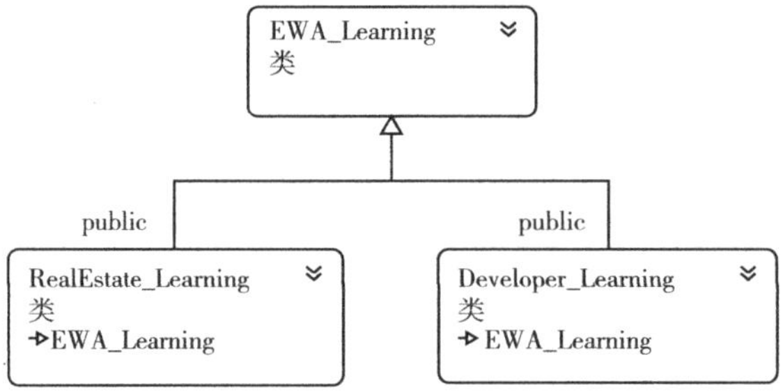


**图 4－4　学习算法类的结构**

EWA_learning 基类一共有五个接口函数，用于实现 EWA 算法，它是一个纯虚类，也就是类中的接口都是纯虚函数，不提共实现，各个主体需要根据自身的需要对接口进行实现。void selectStrategy( ) 函数的作用是根据每个策略的概率分布，采用轮盘赌的方法决定所选的策略。Setstrategy( ) 函数将选中的策略设置到具体主体的行为策略中。update_attraction 用于根据概念模型中的计算规则更新算法中的魅力值。update_N( ) 函数用于更新每个学习周期的吸引力值。update_probility( ) 函数用于更新每个策略的频率分布。

Developer_learning 类是房地产开发商的学习算法类，封装了房地产开发商的学习算法，重新实现了基类中的相关计算接口，但是房地产开发商的学习算法不会对基类的学习算法做大的修改，仅仅是修改一些具体的参数值。房地产开发的学习算法的参数与基类参数的值反映了具体的学习过程的特点，因此这些参数在不同主体之间是不同的，需要提前进行设定。

RealEstate _Learning 类是居民消费者的学习类，该类继承自 EWA_Learning 学习基类。根据概念模型中对居民消费者的学习算法的阐述，对基类中的学习算法编程进行实现，实现了一个考虑了预期和模仿的基于经验的强化学习模型。主体的学习过程中，涉及网络化的学习过程。其实现过程要利用主体的模仿阶段所建立的社会网络。在现实的经济活动中，主体的精力、时间和活动能力都是有限的，主体只能与有限数量的个体进行联系和互动。同时，主体不具有全局搜索能力，主体的模仿学习行为主要在其所在的社会网络中发生的。这意味着，所有个体都具有一个本地化的个人社会交往网络，而这个网络是主体获取消息和学习的主要途径。在学习过程中，主体会以一定的概率模仿其社会网络中收益最高的个体的行为策略，因此个体所建立的社会网络在其学习过程中具有很大的重要性。

## 二、模型的主体类的结构

### （一）Trader 基类

模型中所有的智能主体都或直接或间接地参与到交易中来，他们具有类似的结构基础，因此程序实现时采用继承的结构。主体类的继承结构如图 4－5 所示，Trader 类作为基础类，发挥类似接口的作用。所有的主体类都是从 Trader 类公有继承实现的，作为派生类，派生类会继承父类的成员和方法。

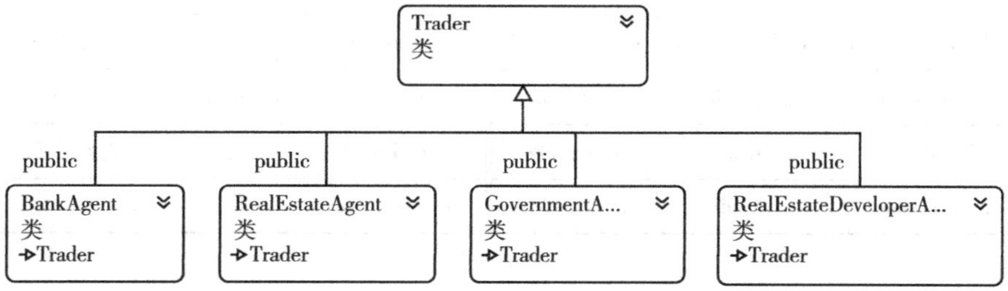


图 4－5　交易主体类的继承结构

Trader 类包含了交易者类型、Market 类指针、学习算法类对象。这些都是交易类中最基本的字段，在各种主体类实现其功能时发挥最基础的作用，如图 4－6 所示。

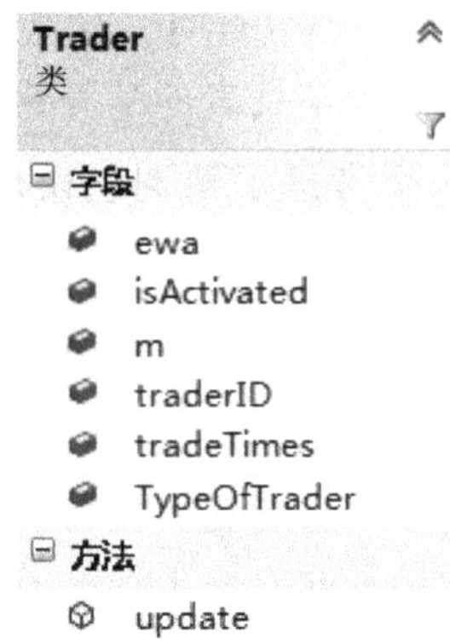


图 4-6 Trader 类的字段和方法

## (二) 房地产开发主体类

房地产开发商主体类采取公有继承的方式，继承自 Trader 类。类中封装了开发商主体的特性和行为规则，包括属性、学习算法、决策方式等。房地产开发商类是系统中的最重要的类之一。该类的主要字段和方法如表 4-2 和图 4-7 所示。

表 4-2 开发商主体类的主要字段和方法

| 属性 | 类型 | 描述 | 属性 | 类型 | 描述 |
|---|---|---|---|---|---|
| money | float | 拥有资金 | fromBidPrice() | float | 形成买方投标价 |
| loan | Loan 类对象 | 开发商贷款 | getLoanNeeded() | bool | 获得贷款 |
| productOfRealEstate | 商品房类指针 | 拥有的商品房 | learn() | void | 学习决策 |
| landResouse | 土地类指针 | 土地资源 | loan_D() | float | 偿还贷款 |
| benfite() | float | 收益函数 | update() | void | 更新数据 |
| bulidRealestate() | Void | 建造商品房 | fromAskPrice() | float | 形成卖方报价 |

## (三) 居民消费者主体类

居民消费者主体继承自 Trader 类，表示商品房市场中的居民消费者主体。类中主要包含消费者的收入、预算、贷款、拥有的商品房、最大搜寻数量等变量，并且拥有计算收益、计算效用、计算投标价格、卖方报价、执行学习算法、

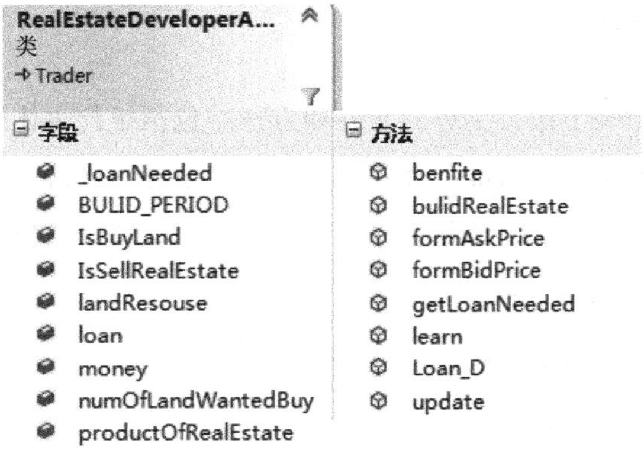


图 4 -7　房地产开发商类的主要字段和方法

更新数据等函数。居民消费者主体是非常重要的一个类，它的学习函数、效用函数、报价函数等是整个模型实现的关键函数，如图 4 -8 和表 4 -3 所示。

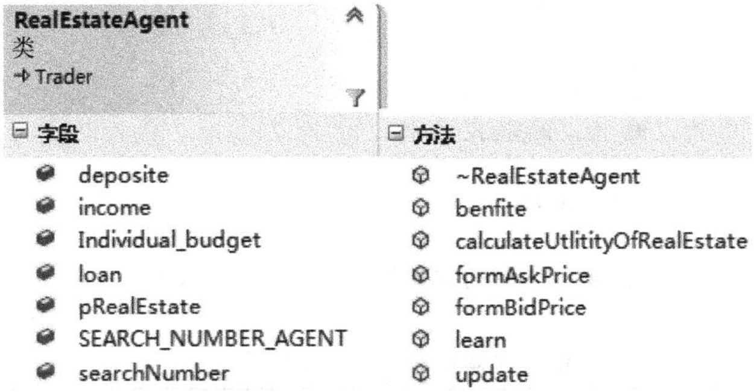


图 4 -8　房地产开发商类的主要字段和方法

表 4 -3　　居民消费者主体类的主要变量

| 属性 | 类型 | 描述 | 属性 | 类型 | 描述 |
|---|---|---|---|---|---|
| individual_budget | float | 购房预算 | benfite( ) | float | 形成买方投标价 |
| income | float | 个人收入 | getLoanNeeded( ) | bool | 获得贷款 |
| deposite | float | 存款 | learn( ) | void | 学习、决策 |
| loan | Loan 类对象 | 贷款 | formBidPrice | float | 形成投标价格 |
| pRealEstate | 商品房类指针 | 拥有的商品房 | update( ) | void | 更新相关数据 |
| searchNumber | int | 搜寻数量 | fromAskPrice( ) | float | 形成卖方报价 |

## （四）银行主体

银行主体类封装了银行主体的属性和方法。包括银行主体的一些主要的参数，比如资金、利率、存款准备金率、资本充足率等。同时，银行主体类也包含了银行主体常用的方法，比如贷前调查、发放房地产开发贷款、住房按揭贷款等。见图 4 –9 和表 4 –4。

图 4 –9　银行主体类的主要字段和方法

表 4 –4　银行主体类的主要方法和变量

| 属性 | 类型 | 描述 | 属性 | 类型 | 描述 |
|---|---|---|---|---|---|
| _loan2develop | float | 开发商贷款 | agentCredit( ) | float | 主体的信用情况 |
| _ loan2housing | float | 个人按揭贷款 | DevelopLoan( ) | bool | 房地产开发贷款 |
| cArate | float | 银行资金充足率 | housingLoan( ) | bool | 住房按揭贷款 |
| deposite | float | 存款 | rec_deposite | float | 接收存款 |
| isTroubled | bool | 是否满足监管要求 | update( ) | void | 更新相关数据 |
| reserves | float | 准备金 | write_off_loan( ) | float | 冲销贷款 |

## （五）政府主体类

政府主体类封装了政府主体的主要属性和方法。包括政府主体拥有的土地资源、政府收入、市场类指针、每个拍卖期卖出的土地数量等变量。政府类封装的方法有卖方报价、卖出决策等方法。具体如图 4－10 和表 4－5 所示。

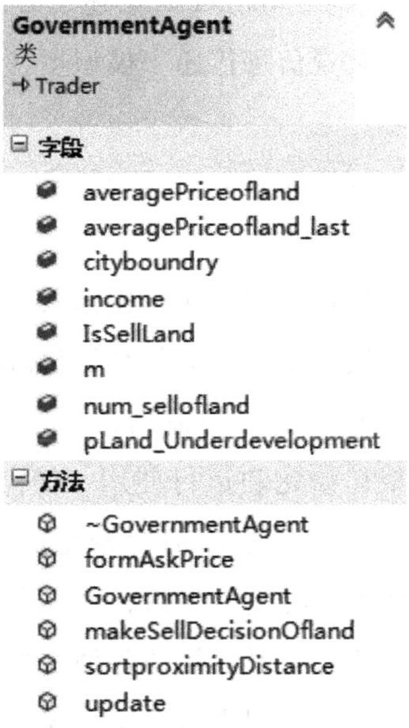


图 4－10　政府主体类的字段和方法

表 4－5　政府主体的主要方法和变量

| 属性 | 类型 | 描述 | 属性 | 类型 | 描述 |
| --- | --- | --- | --- | --- | --- |
| m | float | 市场类 | sortProximityDis( ) | float | 将土地按照便利性排序 |
| income | float | 政府收入 | formAskPrice( ) | void | 设定卖方报价 |
| num_sellofLand | float | 每个周期的土地数量 | makeSellDecisionOfLand( ) | float | 做出卖出土地的决策 |
| pLand_Underdevelopment | land * | 政府拥有的土地资源 | update( ) | void | 更新相关数据 |

## 三、模型中市场运行的模拟和模型的执行过程

在介绍完模型中的主要主体的实现方式之后，下面对模型的执行顺序进行介绍。模型的逻辑结构是模型中各个主体之间的结构和互动情况、各个市场的

组织方式和结构、信息的传递方式等。Market 对象是整个模型运行过程的中心，Market 函数维护土地资源和商品房的空间分布、全局时间运行、是所有市场参与者的“容器”。与此同时，Market 对象还负责组织土地市场、商品房市场、银行信贷市场等市场；负责信息传递、模型运行数据的记录和处理；负责运行结果输出和实时展现等。

按照程序执行的顺序，程序大致分为三个阶段。

（1）程序初始化和模型初始化

程序运行开始，会完成通用的初始化，比如系统句柄创建，内存资源申请等，随后进入模型初始化阶段。①模型运行初始化阶段首先进行的是程序参数初始化。根据配置文件或者预先设定的数据，将参数值赋予 Market 中的参数类的对象的属性中，供模型初始化和运行使用。②完成程序参数初始化之后，根据城市规模参数大小，完成城市空间的初始化操作，并对全局参数近初始化，此时，全局时间被赋值为 0 时刻。随后，完成系统主体的初始化操作，创建参数值规定数量的各类主体，并对主体的各种参数进行设定，对于一些具有异质性的主体特性，根据相应的规则进行设定。③完成主体的初始化之后，根据网络理论，对个体之间的社会关系网络进行模拟建模，采用随机链接的方法，随机地将主体与若干个个体进行链接。拥有链接的两个个体表示两者是社会关系中的熟人。这种社会关系网络作为人们交流的主要途径，在策略的学习和模仿方面具有重要的作用。④数据存取文件句柄的初始化。

（2）模型运行阶段

模型执行的主要时间都是模型的运行阶段。模型的运行过程中主要是完成了一系列的循环过程，在这些循环过程是主体与主体之间互动驱动的，Market 类在运行过程中起到一个中介、辅助的作用。模型运行阶段的循环的主函数是 RunMarket( ) 函数。该函数调用一系列的函数，包括各类主体的各种属性和函数，最终驱动整个系统运行。模拟的过程中主要的内容是土地市场和商品房市场的模拟和衔接，程序执行的时序如图 4 - 11 和图 4 - 12 所示。

程序运行阶段，程序先调用 TradeOnLand( ) 函数，进行土地市场的组织。TradeOneLand( ) 函数根据全局时间判断当前时间点所处的市场周期，如果处于土地拍卖周期，则组织土地市场。土地市场首先会调用政府主体的相关函数，确认当期的土地供应量，然后调用相关函数，获取当前市场的供求信息。

政府主体根据市场供求和自己的成本价形成土地的卖方报价，房地产开发商形成自身的买方投标价。随后，进入交易撮合阶段，如果最高的投标价高于政府报价，则计算交易价格，进入下一阶段。如果开发商的资金足够支付土地的价格，则直接进入交易登记。如果开发商的资金不足于支付，则进入信贷市场，向银行主体申请开发贷款；如果开发贷款申请成功，则进入交易；如果贷款申请失败，则将投标价格拍第二位的房地产开发商作为交易对象，进行价格磋商。价格磋商成功后，进入交易注册阶段，完成房产交易过程，并记录交易的相关的数据。

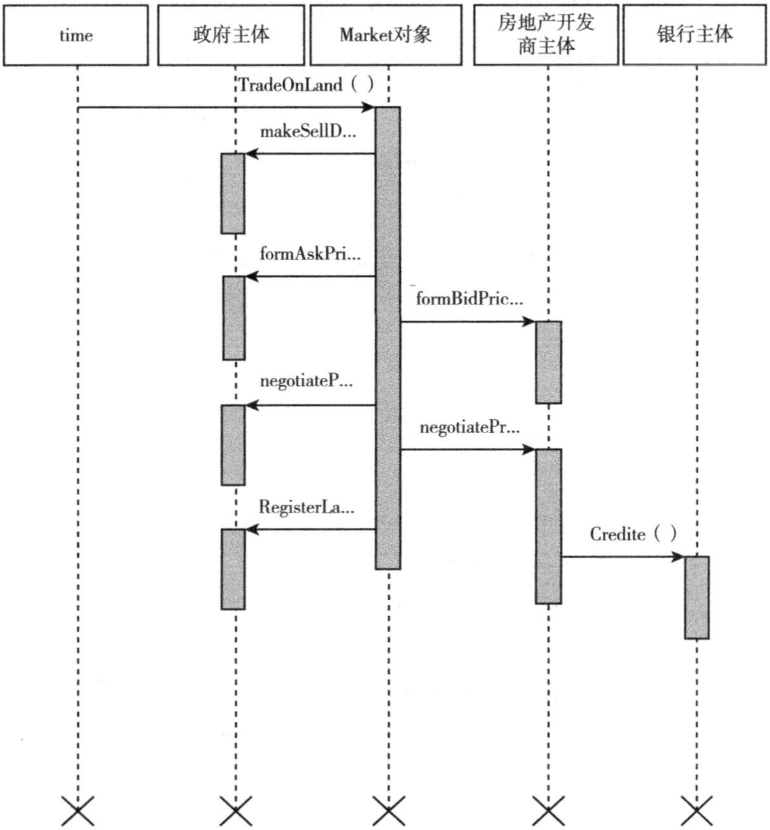


**图 4-11　土地市场的序列**

随后，程序调用 TradeOnRealestate( ) 函数，进行商品房交易。TradeOn-Realestate( ) 函数的时序图见图 4-12。该函数首先根据全局时间判断是否到了商品房交易周期，如果当前时间处于商品房交易周期，则进入商品房交易程序。TradeOnRealestate( ) 函数将调用每个主体的需求函数，确定整体的需求量，并调用房地产开发商的市场供给决策程序，确定整个市场的供应量。随后分别调用商品房的供给者和需求方的报价函数，分别形成卖方报价和买方投标价格，进入价格磋商阶段。进入价格磋商阶段之后，卖方首先会将投标价格最高，并且高于卖方报价的买方作为潜在的交易者进行磋商，计算交易价格。如果买方的资金足够支付交易价格，则进行交易；如果不足于支付交易价格，则进入银行信贷市场寻求住房按揭贷款，如果获得银行的贷款支持，则可以进行交易；如果未获得贷款支持，则卖方需要寻找下一个交易对象作为潜在交易对象进行磋商。交易的具体流程如图 4 - 13 所示。

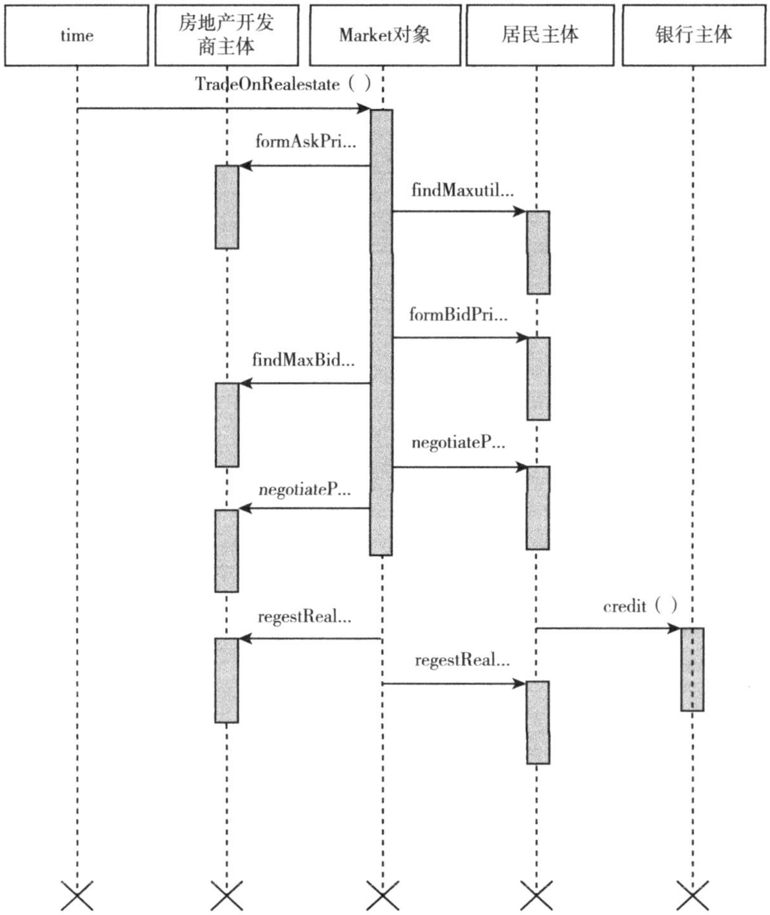


图 4 - 12　商品房市场的时序

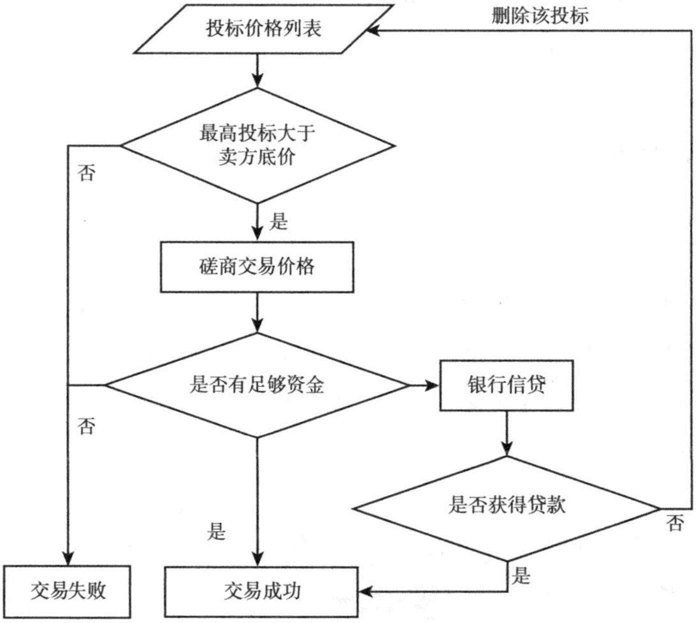


**图 4-13　交易流程**

(3) 程序模拟结束阶段

在模型运行模拟试验结束或者点击退出按钮之后，模型进入模拟结束阶段。该阶段完成最后的数据处理、主体对象的销毁、系统资源的释放等工作。

程序首先调用系统函数，停止全局时间，随后调用 Market 函数的析构函数，完成 Market 对象的反初始化工作。Market 对象的反初始化工作完成对象销毁、内存释放、系统资源释放等工作。随后，模拟程序保存数据文件的数据，销毁数据文件句柄，程序完全退出。

## 第三节　模型运行情况

### 一、运行环境

模型的运行环境是在 Windows 7 Home basic Service Pack 1 上，处理器是

intel 酷睿系列 i53317U，CPU@ 170GHz，1701Mh，2 内核，4 个逻辑处理器，物理内存（ROM）4GB。

## 二、运行界面

模型的运行界面如图 4 - 14 所示。

软件的左边部分为可视化界面，可实时显示当前的模拟运行结果，由浅到深，代表价格由高到低的梯度变化。软件的右边部分是模拟速度设置和统计输出信息窗口。可以设置模拟运行速度，实时输出平均价格、交易量、城市规模等相关模拟信息。

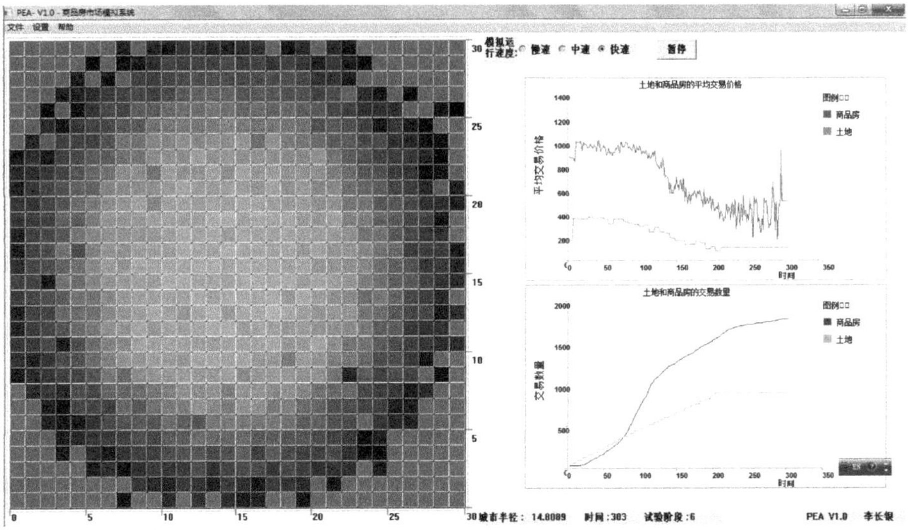


图 4 - 14　系统模拟的运行界面

# 第四节　本章小结

本章对模型的实现细节进行概述。模型采用 C ++ 开发语言进行编程实现，模型具有以下特点：（1）这是一个自主开发的基于主体的网络化商品房市场模型，首次将网络理论和复杂系统理论结合起来研究商品房市场，在模型开发和建模方面都有所突破。（2）模型中的主体通信和主体学习算法有所创新，将基于经验权重的学习算法和模仿行为、预期等结合起来，提出了一个新的算法。（3）首次采用基于主体的计算机经济学研究方法来研究商品房市场，并利用建立的模型对房地产市场调控政策进行了模拟和分析，取得了较好的成果。

# 第五章　基于主体建模的经济系统模拟研究
## ——以商品房市场为例

基于主体的商品房市场网络化模拟模型着眼于居民主体、开发商主体、政府主体和银行主体之间的互动，“自下而上”地模拟了商品房市场，并将此系统作为政策试验平台进行一系列的研究。本章的研究内容主要是以前文建立的商品房市场模型为基础，对一些商品房市场的影响因素进行模拟研究，同时对模型进行简单的验证和参数修正，模型验证采用较为简单的定性验证的方法。通过模拟模型中一些市场的直观影响因素，考察模型的输出，可以对模型进行简单的定性的验证。如果这些直观的市场影响因素的改变能够产生一些与实际市场波动趋势类似的典型事实，那么模型具有一定的可靠性；如果得出了与市场波动的典型事实相反的结论，那么模型或者模型的参数可能需要一定的调整。

一般来说，影响商品房市场的因素通常是通过影响供需来对商品房市场产生作用的。常见的经济和政策因素有以下几种：（1）宏观经济波动。宏观经济波动会直接影响居民收入，进而影响商品房市场的需求；同时宏观经济波动还会影响信贷供给，从而收紧或放宽商品房市场的供给。（2）供给需求的关系。市场价格从根本上说是由供给和需求决定的。（3）银行信贷供给。资金对于房地产开发商来说是至关重要的，收紧信贷或者提高利率对商品房市场具有直观的影响。（4）政府的商品房调控政策，调控政策对商品房市场具有直接的影响。（5）居民偏好和交通费用的影响。如果居民对商品房便利性的偏好不那么强烈的话，会直接降低中心城区的商品房价格。

对于商品房市场来说，以上分析的宏观经济波动，供求因素等都有十分重要的影响。考虑到研究的可行性和便利性，本章选择 GDP 增长率、居民的交通便利性偏好、交通成本指标作为研究因素。首先对模型中所产生的典型商品房价格分布进行分析，随后，研究不同的市场结构、居民偏好和交通成本等因素对商品房市场的影响。研究主要内容包括不同的居民收入分配结构下商品房市场调控政策对商品房平均价格、拥有商品房的居民主体的比率、拥有多套住房的居民主体的比例、城市发展规模等指标的影响。

## 第一节　模拟参数和基本结果

### 一、模型参数

根据前文的叙述，模型参数根据其作用可以分为几类：城市空间和时间模拟参数、经济环境模拟参数、个体参数、个体学习参数、政策模拟参数。具体的参数值如表 5 - 1 所示。不同的模型参数的确定方法也有所不同。大致有以下几种方法。（1）根据我国经济的基本特征来确定。这些参数主要是一些与宏观经济结构和基本经济指标有关的参数。比如银行利息率，按照近年来我国的 1 ~3 年期银行贷款利率计算，6.1%，而劳动收入占总 GDP 的份额按照最近五年的劳动收入占 GDP 份额的平均值，按照 45% 计算。（2）部分参数值参，参考相关的研究来确定。比如主体效用函数等，参照类似研究中的参数值，比如 Parker 等的相关研究（Filatova T，et al.，2009；Parker D，et al.，2008）。（3）与具体的商品房市场结构相关的数据，综合我国商品房市场的具体情况，进行大致的估算。而主体数量、开发商数量，是根据北京市实际情况，结合全国的情况进行设定的。北京市有 1600 万户籍人口，拥有 3200 家房地产开发商，大致是 5000∶1，但是北京市是一线城市，房地产业较为发达，考虑到二线、三线城市的情况，同时也考虑到模仿房地产开发商之间的竞争和学习，研究中最终设定的两类主体的比例为 200∶1。

### 二、模型模拟结果

在模拟研究中，首先设定一个研究模拟的“基准”，即将所有的条件设置为最普通、最简单的状态。在最基本的“基准模拟”中，不考虑政府的调控政策、经济增长、收入差距等因素的影响。模拟中政府主体作为垄断性的土地

**表 5-1　主要的模拟参数和参数值(初值)**

| 参数 | 参数值 | 参数描述 | 参数 | 参数值 | 参数描述 |
|---|---|---|---|---|---|
| 城市和宏观经济模拟参数 | | | | | |
| City | 30×30 | 城市大小 | Time | 0 | 开始时间 |
| Tran_cost | 1 | 单位距离交通成本 | Gdp_inc | 0.08 | GDP 增长率 |
| Interest_rate | 0.061 | 银行利息率 | income_rate | 0.45 | 劳动收入占 GDP 比重 |
| 主体参数 | | | | | |
| Num_RealestateA | 800 | 居民消费者数量 | Num_Bank_A | 1 | 银行主体数量 |
| Agent_init_budget | 500 | 居民平均初始预算 | gama | 0.5 | 银行的房贷比例 |
| Num_Developer_A | 4 | 开发商主体数量 | M_land_Price | 250 | 土地最低的报价 |
| Developer_init_budget | 5000 | 开发商初始预算 | Num_land_buy | 10 | 开发商购买土地数量 |
| Num_Government_P | 1 | 政府主体数量 | PriceOfLand_Iinit | 200 | 土地初始价格 |
| 政策模拟参数开关 | | | | | |
| HOUSING_DUTY_OrNot | 0/1 | 房产税 | Housing_tax_P | 1.5% | 房产税率 |
| HOUSING_TRADE_TAX | 0/1 | 交易税 | tadetax_P | 20% | 房产交易税 |
| HOUSING_BUY_RESTRICT | 0/1 | 限购政策 | Buy_restristion_P | | 限购政策 |
| 居民消费者效用计算参数 | | | | | |
| $\alpha$ | 0.2 | 对商品房周围环境的偏好 | b | 20 | 商品房需求参数 |
| $\beta$ | 0.8 | 居民对区位偏好 | | | |
| 学习算法相关参数 | | | | | |
| High_Gini | 0.68 | 高基尼系数 | Low_gini | 0.28 | 低基尼系数 |
| Num_Memory_period | 4 | 居民主体的记忆期 | $\phi$ | 0.9 | 遗忘效应 |
| $\delta$ | 0.5 | 主体对未选择策略的权重 | Search_Num | 10 | 居民主体的搜索能力 |
| N_init | 1.0 | 参数 N 初始值 | $\rho$ | 0.9 | 魅力值增长系数 |

供应者，以固定的价格提供土地。开发商主体根据自身的预算和市场供求情况选择购买土地的数量，开发成商品房供应市场。居民主体对商品房的区位具有一致的偏好，同时根据其预算约束，交通成本和区位偏好对效用最大化的商品房进行投标。以表 5 - 1 中的模型参数进行模拟，具体结果见图 5 - 1。

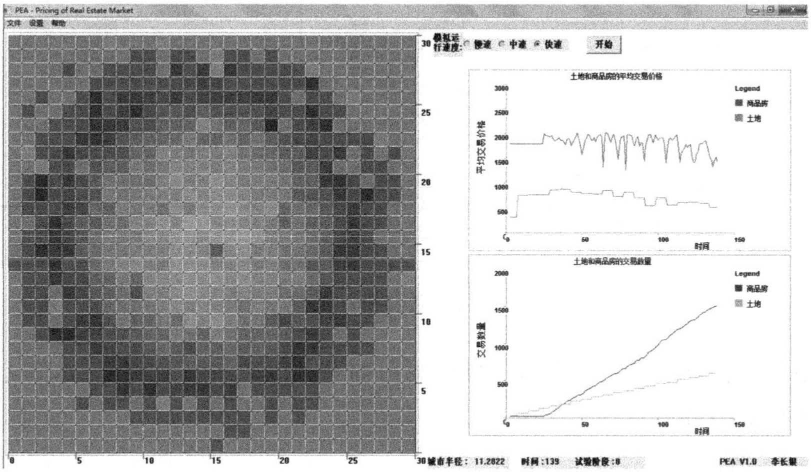


图 5 - 1 基于主体的商品房市场网络化模型

图 5 - 1 中，可以分为六个部分，左上方是菜单栏，可以配置系统模拟参数。左下方是实时的模拟结果的图形输出界面，表示了城市的实时的土地利用状态。右上方为模拟的速度设置选项，可以在模拟开始前、模拟中进行模拟速度设置，设置慢速、中速、快速和暂停，其中慢速每秒执行 20 次模拟，中速每秒执行 50 次模拟，快速每秒执行 100 次模拟。

采用表 5 - 1 的参数，进行多次重复试验。对试验结果进行分析发现商品房价格具有明显的梯度分布的特性，越靠近城市的中心，商品房的价格越高；越靠近城市的边缘，商品房的价格越低。试验结果如图 5 - 2 所示。

图中，左侧是城市的土地利用图，从图中可以看出，从城市的边缘到城市的中心，先是未开发的土地，然后是未出售的商品房，最后是已经出售的商品房，而且随着距离城市中心的距离越来越近，商品房的价格越高。图 5 - 1 中的右边部分是商品房价格与区位因素的关系。从图中可以大致看出来，商品房的价格与区位因素有明显的相关关系。研究中采用多种函数形式（线性形式、对数、半对数）对价格与距 CBD 距离的关系进行回归分析，发现线性函数的

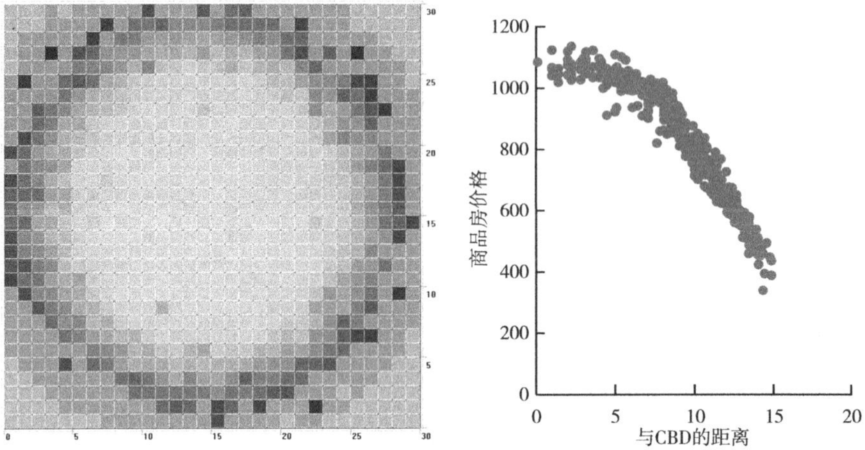


**图 5－2　住房价格梯度**

具有最优的拟合效果。以商品房价格为因变量，以与 CBD 的距离为自变量做一元线性回归可得：

$$P = 1309.7236 - 53.6787 \times d$$
$$(11.5356) \qquad (1.1427)$$

其中，$P$ 为商品房价格，$d$ 为距离 CBD 的距离。$R^2$ 为 0.886，所有系数均在 0.001 水平下显著。由图 5－1 可以看出，距 CBD 越近，商品房的价格越高；距 CBD 越远，商品房的价格越低。模型得出了以 CBD 为中心的住房价格梯度分布结果，与传统的 Alonso 住宅价格模型的结论十分相似（Alonso W，1960，1964）。Alonso 住宅价格模型的商品房价格的空间分布是由解析形式的模型得出的。与之不同的是，模型中的价格形成机制是与实际的市场相类似的分散决策。模型中的价格形成是由一系列分散的主体根据各自的偏好、预算约束，以效用最大化（或收益最大化）为目标进行互动、学习和适应得出的。这个结果表明以基于主体建模的计算经济学方法与传统经济学方法存在一致性，从侧面验证了模型的可靠性。

## 第二节　居民收入对房地产价格的影响

居民收入情况会影响商品房市场需求，进而对商品房市场产生重要的影响。研究居民收入，一般会关注居民的收入的动态变化和收入的分配结构。这两个方面，一个是居民的收入增长，另一个是居民收入分配结构，对商品房需求都具有重要的影响。持续的收入增长将极大地增加居民主体的购买能力，增加商品房的需求；而收入分配结构会对商品房市场的投资性需求和自住需求的结构产生关键的影响。本部分首先研究居民收入分配结构对商品房市场的影响，然后研究收入增长对商品房市场的影响。

在一般的模拟研究中，需要掌握详细的收入分配资料来开展相关的定性定量分析。但是在 ABM 的研究方法中，收入分配的数据不是必须的。我们可以对几个典型的收入分配情况进行模拟，以此来研究收入分配对商品房市场的影响。因此，研究收入分配结构对商品房市场的影响时，我们不对具体的某个城市的收入分配结构进行模拟，而是将收入分配结构划分成典型的几个档，分别模拟这几个档的收入分配结构对商品房市场的影响。通过这种方式，对收入分配结构对商品房市场的影响进行一个全面的研究。我们将居民收入分配的分为三个档，完全平均、适度平均、较大的贫富差距。按照这三种收入分配设定，我们分别模拟了 0 基尼系数（0，完全平均）、低基尼系数（0.28，收入分配比较平等）、高基尼系数（0.68，收入分配比较不平等）三种收入结构，按照这三种分配结构分别模拟居民的收入，并分别模拟这种收入分配下商品房市场的运行情况。每种收入分配的模拟分别进行 100 次，将获得的结果取平均值以消除随机因素的影响，模拟的结果见表 5－2、图 5－3 至图 5－6。

**表 5－2　　收入分配对商品房市场的影响模拟**

| 试验编号 | 试验内容 | 城市规模 | 拥有多套住房的居民比率 | 拥有住房的居民比率 | 商品房平均价格 |
|---|---|---|---|---|---|
| 1 | 0 基尼系数、无调控政策 | 16.21 | 0.20375 | 0.83375 | 3547.07 |
| 3 | 低基尼系数、无调控政策 | 16.51 | 0.325 | 0.60875 | 5904.75 |
| 2 | 高基尼系数、无调控政策 | 16.56 | 0.28125 | 0.36625 | 15342.9 |

从表 5－2 中可以看出，随着收入分配不平等程度的增加，商品房价格会迅速增加。高基尼系数条件下的商品房价格比低基尼系数条件下和 0 基尼系数条件下的商品房价格分别高 61%、332%。

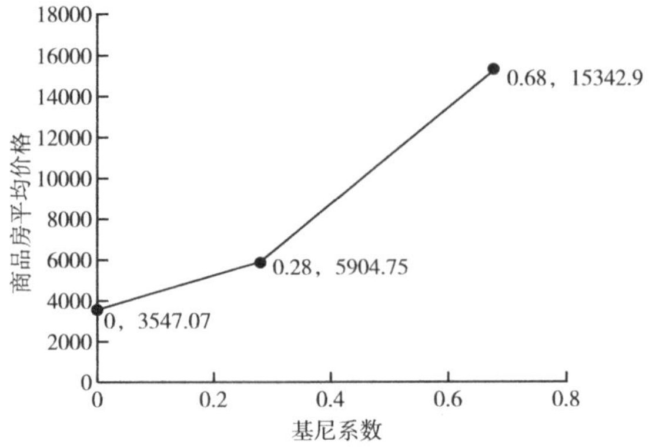


**图 5－3　商品房平均价格与基尼系数的关系**

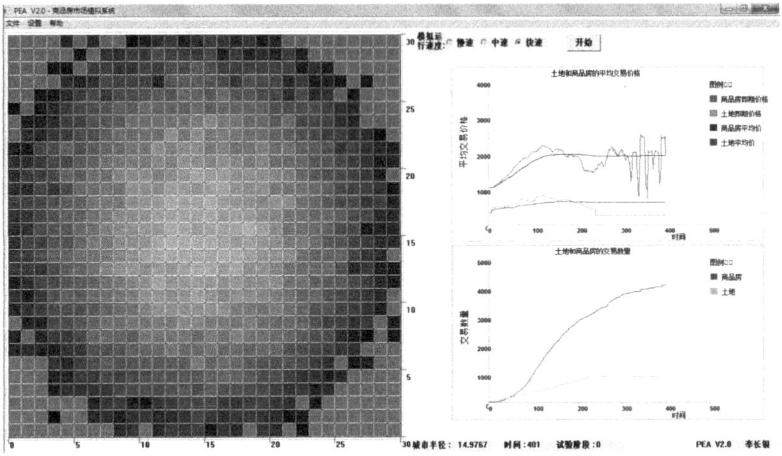


**图 5－4　收入分配完全平等情况下的商品房市场模拟结果**

与此同时，市场的规模会增加，这意味着房地产开发商建造并售出了更多的商品房。伴随着收入差距的扩大，拥有多套房的居民比例会先增加，然后减少。其中的原因是随着收入不平等程度的增加，市场有效需求不足，能购买多套住房的居民比例降低，拥有住房的居民主体的比率随着收入不平等性的增加而迅速下降。

对比图 5－3、图 5－4 和图 5－5 可以发现，收入分配完全平等情况下的商品房的平均价格较为平稳。即时交易价格在后期虽然波动较大，但是增长趋势不明显，商品房交易量也趋于平稳。

但是如图 5－5 和图 5－6 所示，在低基尼系数条件下和高基尼系数的条件下，商品房的交易价格都会在模拟的后期迅速上升，商品房的平均价格也会随之上升，交易量上升非常明显，呈现出“量价齐升”的现象。

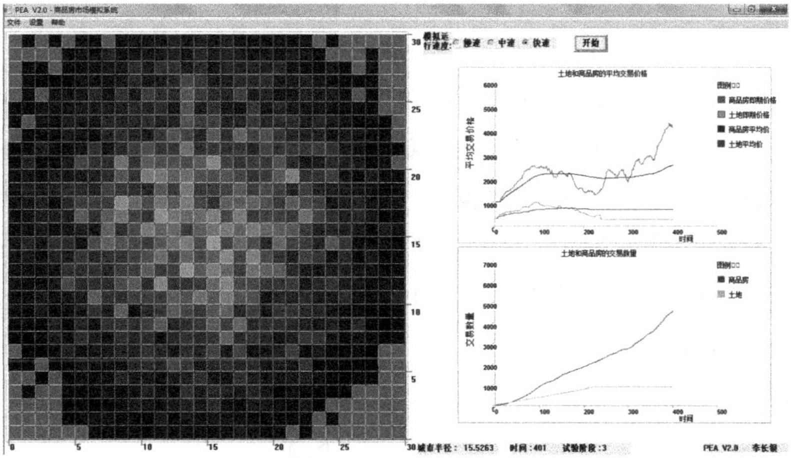


图 5－5　低基尼系数条件下的商品房市场模拟结果

高基尼系数的情况下，居民收入差距较大，普遍的购买力较弱，市场中大多数交易为投资性交易，拥有自住房的居民比例显著降低。由于过度投机，导致房价畸高。同时，由于收入分配极端不公平，经过一段时间之后，收入差距转换成为购买力差距，高房价导致有效需求不足，拥有多套住房的个体的比例有所降低。

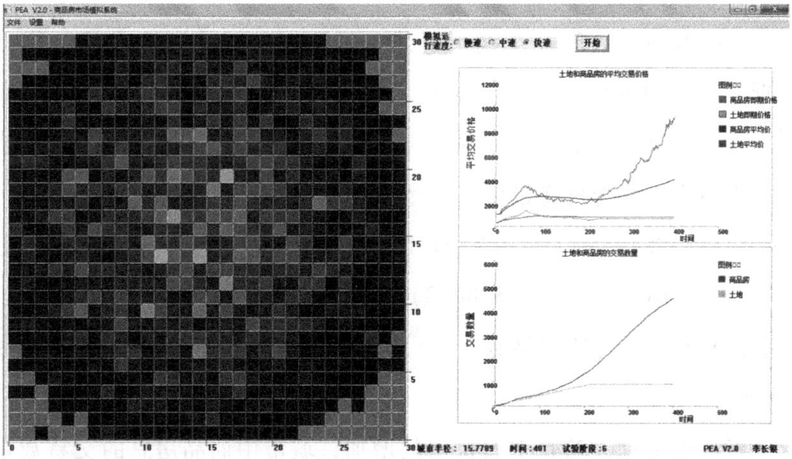


图 5－6　高基尼系数条件下的商品房限购政策模拟结果

## 第三节　交通因素对商品房市场的影响

交通因素会影响人们的通勤时间和通勤成本，两者综合起来就是交通的综合成本，它反映了城市交通的便利程度和成本情况。一般而言，经济、快捷的交通将会极大地拓展人们的活动范围，从而扩大城市的规模。为了分析和模拟城市交通费用对城市规模的影响，我们设计并运行了100次试验，每次试验运行1000个周期。每次试验的单位交通费用增加1个单位，其他参数条件均不改变。得到的结果如图5－7所示。

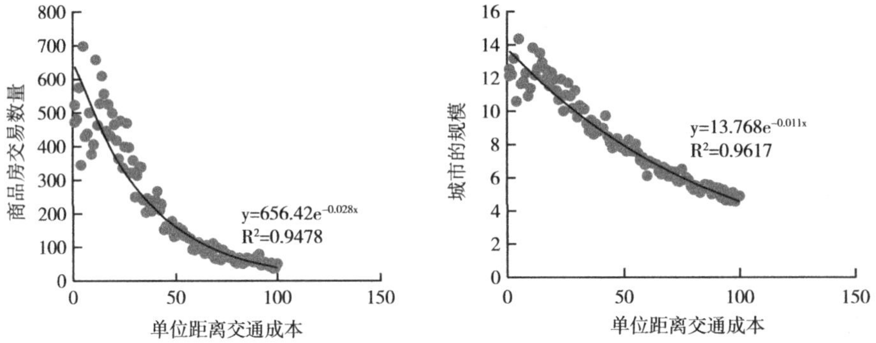


**图5－7　单位距离交通成本对城市规模和商品房交易数量的影响**

我们采用多种函数形式（线性形式、对数、半对数）对商品房价格与距CBD远近进行回归分析，发现半对数函数形式的具有最优的拟合效果（$R^2$分别为：0.699、0.811、0.903、0.888）。以商品房价格为因变量，以单位距离交通成本的自然对数为自变量做一元线性回归可得：

$$N = -154.1784 \times ln(t) + 709.0471$$

$$(9.7364) \qquad (38.8043)$$

其中，$N$为商品房的交易数量，$t$为单位距离的交通成本。所有系数均在0.001水平下显著，$R^2$为0.903。

由分析结果可见，随着交通费用的增加，城市中商品房总的交易数量将会减少，城市规模也将会随之减小。这一结论对我们通过调整交通费用适当控制城市规模提供了一个有益的启示。提高交通系统的运行效率，增加交通费用，可以在提供运行效率的基础上，减缓城市规模的增加速度。但是我们也应该看到，模拟中，当单位距离交通成本较低时，商品房的交易数量和城市规模波动较大，因此交通因素对商品房市场的影响还有待进一步研究。

## 第四节 居民主体的商品房区位偏好对商品房市场的影响

商品房的区位因素对居民主体的效用具有很大的影响，在购房的过程中，区位因素一般都是非常重要的考虑因素。为了分析居民的区位因素偏好对商品价格和数量的影响，我们做了两组对比试验。第一次试验，设定居民对区位因素的偏好系数 $\beta$ 为 0.8，$\alpha$ 为 0.2，共 10 次试验，每次试验运行 1000 个周期。第二阶段的试验，设定居民对区位因素的偏好值为 0.7，$\alpha$ 为 0.3，其他设置与第一阶段相同。具体的模拟结果见图 5－8。

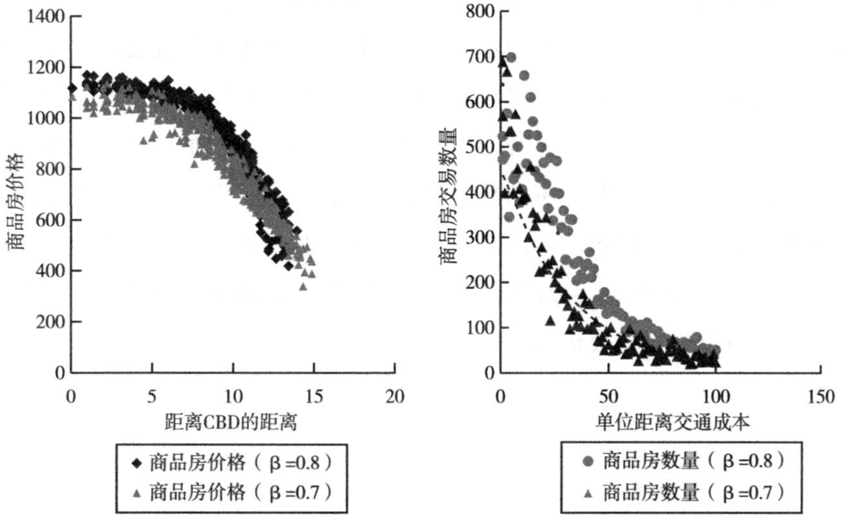


**图 5－8 居民的区位偏好对商品房价格和交易数量的影响**

从两次模拟试验的商品房价格分布可以看出，随着偏好值 $\beta$ 的增加，商品房的价格也随之增加。同时，成交的商品房数量也随之增加。这意味着，随着居民对区位偏好的提高，商品房对居民的效用会增加，因此商品房的价格出现上升，城市规模也会扩大。

## 第五节 本章小结

本章以前文构建的“基于主体的商品房市场网络化模拟模型”为研究平台，对商品房市场中的一些影响因素进行模拟研究，同时也对模型的可靠性进行验证。研究结果表明，利用基于主体建模的计算经济学方法模拟商品房市场，可得出了与传统的 Alonso 模型类似的商品房价格梯度分布结构，这说明模型具有一定的可靠性。但是本模型与传统解析模型的研究方法有所不同，本研究中的模型采用多智能主体互动的方式得出这一研究结果，模型中的主体在自身效用最大化目标的驱使下，通过学习不断适应市场环境，最终形成与传统方法类似的商品房价格梯度分布。这展示了，在商品房市场模拟方面，基于主体建模的计算经济学方法与传统的研究方法存在一致性，二者可以相互补充。

模拟研究结果表明，收入分配的平等程度对商品房市场具有较大的影响，收入不平等会加剧商品房购买的不平等性。随着收入不平等程度的增加，商品房平均交易价格随之上升、拥有商品房的居民主体的比率随之下降，拥有多套住房的居民主体的比例随之上升。随着单位交通成本的增加，城市房地产市场的规模会随之变小，同时房屋的平均价格会降低。这说明交通费用对商品房市场的发展具有一定的影响。居民主体对商品房区位因素的偏好会影响商品房的价格，同时也会影响城市会规模。随着居民对区位因素偏好的提升，商品房价格会提高，城市规模也会扩大。

# 第六章　基于主体的网络化建模与政策模拟研究

政策研究是计算经济学的重要优势之一。在已建立的计算经济学模型中执行政策模拟试验，可以更全面地研究政策的执行效果，辅助政策制定。本章将已经建立的商品房市场模型作为一个政策模拟平台，利用该平台来研究房地产市场的相关调控政策对商品房市场的影响。本章的大致结构如下，首先阐述目前采用基于主体建模的方法进行政策模拟研究的进展。其次对我国房地产市场的调控政策进行梳理。最后，利用研究中所建立的模型，对商品房市场的相关政策进行研究，针对最近存在的房产税的相关讨论，对房产税进行模拟。

## 第一节　基于主体建模的计算经济学与政策模拟研究

### 一、计算经济学与计算经济学政策研究方法

对于经济研究者来说，基于主体的计算经济学可以提供一些独特的借鉴，比如建立在异质性主体基础上的有限理性、异质性偏好等假设。传统的解析模型难以处理这些特性以及这些特性引发的个体行为和整体经济现象。

在研究和回顾2008年的全球经济危机时，众多的经济学家对现有的经济理论体系和经济政策进行了反思，认为现有的经济理论和经济政策具有一定的局限性。并认为基于复杂系统理论的计算经济学具有一定的优势，可以作为传统经济学研究方法的补充，应用于经济政策设计等领域。Krugman在2011年曾指出，正统的宏观经济学不仅没有预测到这次危机（2008年全球经济危

机），而且他们的理论系统中不承认这类危机存在的可能性；在使经济回到稳定增长轨道上这一问题上，他们不能提供任何有用的政策建议（Krugman P，2011a，2011b）。这些话并非批判经济学家，但是确实是指出了经济学的一些不足和缺陷，这门学科与经济现实有一定的距离。大量的经济学家认为，经济危机也是经济学理论的危机（Caballero RJ，2010；Colander D，et al.，2011；Delong JB，2011；Dosi G，2012；Kay J，2011；Kirman A，2010；Krugman P，2009），现有的经济理论没有预测危机的能力，也难以解释危机。同时，他们认为，将经济体作为"复杂的演化系统，比如由大量的异质主体构成，这些主体之间大量的远离平衡的互动直接影响了整个系统的结构"，是一个新的研究思路（Rosser JB，2011）。

基于主体的计算经济学（ACE）是一种将计算机技术和复杂自适应理论结合起来的新经济学研究方法。该方法将复杂自适应系统的基本研究范式应用于经济学研究中，是对经济学研究方法的一个拓展。与传统的"自上而下"的经济学研究方法不同，ACE 将经济系统作为由相互作用的"自治主体"自下而上地组成的演化经济模型，利用主体之间的互动和博弈以及主体与宏观、微观经济环境之间的互动以及宏观层次的"涌现现象"研究经济系统的运行规律（李长银，2015）。ACE 中的一些特性，比如有限理性、内生性的非均衡动态、直接互动等，可以允许经济学家捕捉经济运行（特别是经济危机）中的很多特征，比如资产泡沫、银行间网络的稳定性、自组织临界性（self-organized criticality）、金融加速动态（financial accelerator dynamics）等，为解释经济现实、研究经济政策提供一定的优势。ACE 的研究中，主体行为的假设和主体之间的互动具有很大的灵活性，所以给了研究者极大的自由度和发挥的空间。

研究者可以采用 ABM 的方法，组建一个政策模拟试验室来研究政策设计和政策改进，比如财政金融政策、银行规制和中央银行独立性等问题。采用复杂系统理论来研究经济学的另外一个优势就是抛却经济系统中的一些非重要的因素，采用计算经济学等模拟研究方法，建立经济系统的模型，研究经济系统的运行规律。在此基础上，对一些经济政策、外部经济环境、内部经济结构改变等内外部环境的变化进行模拟，这对政策制定和政策效果预测有一定的意义，可以作为未来政策制定和经济研究中的一种补充性的研究方法。

## 二、基于主体的计算经济学研究方法

计算经济学具有计算性、试验性、行为性、进化性和“自下而上”的结构的特点（韩小亮、邓祖新，2004）。计算性体现在ACE的建模方法中，它通过大量的主体之间和主体与环境之间的互动、主体的学习等来模拟市场的运行，需要大量的计算机资源来实现这些模拟，具有较强的计算性。计算经济学的研究方法摆脱了传统依赖于观察的研究方法，可以建立经济模拟系统，给予了经济学家像自然学科那样的开展受控条件经济试验的机会，体现出了较强的试验能力。计算经济学强调以主体为最小的模拟单元，其与传统经济学中同质化主体为主要特点的“经济人”假设不同，是运用心理学、试验经济学等大量研究成果，模拟多元化的异质性主体并以自下而上的方式模拟整个经济系统的运行。在经济系统运行的过程中，智能主体在和其他主体在与环境的互动过程中可以通过学习不断地“进化”，调整其市场策略和行为方式。采用基于主体的计算经济学的研究方法来研究商品房市场，可以建立一个商品房市场政策模拟仿真平台，研究各种房产税政策方案的短期和长期效果，为制定相关政策提供辅助和依据。

基于主体的计算经济学（Agent - based Computational Economic，ACE）是一种较新的经济学研究方法。ACE将经济系统看作一个由大量的“自治”主体自下而上地构成的复杂的自适应系统，通过主体的互动在宏观层面汇聚而成的“涌现”现象来研究经济系统的运行规律。利用ACE方法结合我国房地产市场的实际情况建立一个房地产政策模拟仿真平台，可以对房产税政策进行模拟研究，分析商品房市场的影响因素，并研究不同的政策组合对商品房市场的影响，为政府决策提供决策参考。目前我国尚没有学者采用ACE方法对于房产税政策进行过探索性的模拟研究。本书的创新之处是建立了商品房市场模拟系统，对房产税的相关争论进行详细的分析，并将其在商品房市场模拟系统中进行模拟研究。

## 第二节　商品房市场的调控政策

### 一、商品房市场调控政策的分类

2000年以来，我国的商品房市场持续火爆，商品房价格不断攀升，在民生方面和宏观经济层面都造成了一定的问题。在民生方面，民众收入的增长速度远低于房价增长速度，大量居民在购房时存在严重的经济困难。在宏观经济层面，房价长期、持续增长，使人们形成了增长预期，造成大量的投机性“囤房”行为，反过来进一步助长房价的上升，形成房地产泡沫，浪费了大量的社会资源。考虑到房地产在国民经济中的重要地位，为了防范系统性风险，稳定房价，促进民生，我国在房地产业发展的过程中出台了大量的调控政策，防范房地产市场风险，引导和规范房地产业发展。这些调控政策可以分为三类，分别是行政政策、经济政策和引导性政策。

（1）行政政策

行政政策包括行政规划和行政管理。其中，行政规划是指政府运用各种行政性的规划权，如土地资源利用规划、城市整体规划、区域开发规划等，引导包括房地产业的各个产业的发展方向。行政管理手段是指政府颁布强制性的行政管理指令，干预、规范、指导房地产业的运行。行政手段具有影响范围广，直接、见效快的优点，但是有时会造成一定的市场扭曲，降低市场运行效率。

（2）经济政策

房地产业调控的经济手段是指，政府运用税收、货币、财政、价格、投资等一系列的手段，对房地产业进行调控和干预。比如通过住房贷款信贷政策、房产交易税、二手房交易所得税等一系列税收政策对商品房市场产生影响。

（3）引导性政策

引导性政策包括信息引导、舆论引导和约谈劝告。信息引导是指政府通过及时发布房地产行业信息，平衡市场参与方的信息，减少市场信息不对称造成的市场扭曲。

## 二、政府调控政策的具体措施

下面对政府常用的商品房调控政策措施进行汇总归纳，为我们的研究提供方便，见表 6－1。

表 6－1　　商品房市场的主要调控政策

| 调控手段 | 具体操作 |
| --- | --- |
| 利率政策 | 基准利率、利率折扣、利率上限 |
| 信贷政策 | 首付比例、首套房资格认定、贷款年限、额度等 |
| 限购政策 | 户籍限制、社保年限、套数限制、婚姻限制 |
| 税费政策 | 契税、印花税、增值税及附加、个税、房产税 |
| 限售政策 | N 年内不准进入流通市场 |
| 房企融资政策 | 银行贷款，影子银行 |
| 行政政策 | 约谈、吹风、公开批评 |
| 土地政策 | 供地节奏、供地价格 |
| 住房保健政策 | 棚改、旧改、共有产权房、保障房等 |

从表 6－1 中调控政策的集合可以看出，房地产调控政策有以下几个特点。第一，政策的一个着力方向就是不断规范房地产市场运行的规则，为房地产市场运行提供一个良好的法制环境。十余年来的诸多调控政策逐步完善了商品房产权、房产登记、房产交易、持有环节的税费等法律、法规体系。第二，政府根据商品房市场运行情况，综合各种政策工具，对商品房市场进行逆周期调节。主要的政策工具是限购、银行利率和准备金政策、差别化信贷政策、土地供应量等。通过这些政策工具，不断地缓解或者消除商品房市场的供求矛盾，防止房地产市场出现泡沫和危机，稳定商品房价格。第三，房地产调控已经从单纯的政策调控，价格调控，转向了将价格调控和保障房、经适房建设相结合、需求调控和供给调控相结合的方法。

# 第三节　商品房市场的调控政策模拟

根据对我国现有的调控政策的归纳和梳理，我们选择典型的几类调控政策进行分析和模拟。我们所选取的典型的房地产调控政策是限购政策、房产税政策和房产交易税政策。

限购政策是一项非常典型的房地产市场调控政策，实施范围非常广泛，影响较大。虽然2014年底以来在二三线城市有所放松，但是从当前的政策来看，北京、上海、广州等地依然实行严格的限购政策。限购政策是一种商品房需求管理政策，也是一个行政管理政策。通过设定一定的条件，限制不符条件的购房者，可以降低商品房需求量，从而抑制投资需求，达到稳定商品房市场价格的目的。房产税政策是一个基础性的税收政策，在欧美、日本等发达国家和地区都作为一种重要的税种进行征收。虽然它不是一个单纯的房地产调控政策，但是由于有可能抑制投资需求、降低房价，是一项在国内被广泛讨论的税收政策。相关部门已经研究多年，目前正准备适时推出房产税的政策。房产交易个人所得税是个人所得税的一种，也是一种房地产市场的经济调控手段。根据国务院的相关规定，对购买商品房的个人所得征收20%的个人所得税。房产交易税可以降低投资性收益，并在一定程度上降低商品房的流动性，减少投机，稳定商品房市场。

## 一、试验内容

将“基于主体的商品房市场网络化模拟模型”作为一个政策模拟平台，设置一定的政策变量，执行政策模拟试验。在前文中已经建好的模型中，控制其他的参数条件，改变一些与调控政策相关的市场模拟参数，运行一系列的政策试验。这种研究的方式类似于自然科学中的空白试验对照研究的分析思路，研究工具的灵活性给政策研究带来了极大的优势。通过对比观察每一种政策对商品房市场的影响，可以对相关政策进行分析评价。同时，还可以观察不同的政策在不同的经济环境条件下的表现，对政策所适用的经济环境进行研究。

对于一个市场来说，收入分配结构对有效需求影响很大，但是囿于数据和传统研究方法的局限，这方面的研究在以往难以开展。在本书的研究中，将居民收入分配结构作为模型的外生参数来开展相关的研究。即假设一系列典型的收入结构，在这样的收入环境中模拟商品房市场的运行过程，研究收入对商品房市场的影响；并分别模拟不同的政策的执行过程，以此来研究收入结构对政策效果的影响。

政策试验分别研究中国商品房市场中最重要的几种调控政策，包括限购政策、房产税政策、房产交易税政策等。我们控制不同的初始条件和政策变量，在模型中执行一系列的试验来研究在不同的收入分配格局下，不同的商品房市场调控政策的效果。具体的试验设置见表 6 – 2。

表 6 –2　　商品房市场政策试验组合

| 政策<br>收入分布 | 空白政策 | 限购政策 | 房产交易税政策 |
|---|---|---|---|
| 完全平等收入 | 试验 1 | 试验 2 | 试验 3 |
| 低基尼系数 | 试验 4 | 试验 5 | 试验 6 |
| 高基尼系数 | 试验 7 | 试验 8 | 试验 9 |

## 二、模拟试验结果

试验模拟时间为 1000 个周期（模型中的时间与实际的时间对应并不准确，仅为参考时间）。为了消除试验中随机因素造成的干扰，每次试验执行 10 次，取其平均值作为模拟的结果，具体执行的试验方案见表 6 – 1，模型的执行结果如表 6 – 3 所示。模型的输出结果包括城市的规模、拥有多套住房的居民消费者的比例、拥有住房的消费者的比例和商品房的平均价格。

表 6 –3　　政策试验结果

| 试验编号 | 试验条件 | 城市规模 | 拥有多套住房的居民比率 | 拥有住房的居民比率 | 商品房平均价格 |
|---|---|---|---|---|---|
| 1 | 空白试验 | 16.21 | 0.20375 | 0.83375 | 3547.07 |
| 2 | 高基尼系数、空白政策试验 | 16.56 | 0.28125 | 0.36625 | 15342.9 |
| 3 | 低基尼系数、空白政策试验 | 16.51 | 0.325 | 0.60875 | 5904.75 |
| 4 | 低基尼系数、限购政策 | 14.70 | 0 | 0.90875 | 3019.78 |
| 5 | 高基尼系数、限购政策 | 14.73 | 0 | 0.91625 | 3232.46 |
| 6 | 低基尼系数、房产税政策 | 14.09 | 0.00875 | 0.83875 | 1171.4 |
| 7 | 高基尼系数、房产税政策 | 14.35 | 0.01125 | 0.85375 | 1197.83 |
| 8 | 低基尼系数、房产交易税政策 | 16.36 | 0.3125 | 0.62875 | 5407.9 |
| 9 | 高基尼系数、房产交易税政策 | 16.48 | 0.32375 | 0.6175 | 5851.43 |

图6-1是空白对照试验的模拟结果，其模拟条件是收入完全平等、无任何房地产调控政策。通过对比空白对照试验，可以研究不同的收入分配结构和调控政策的效果。

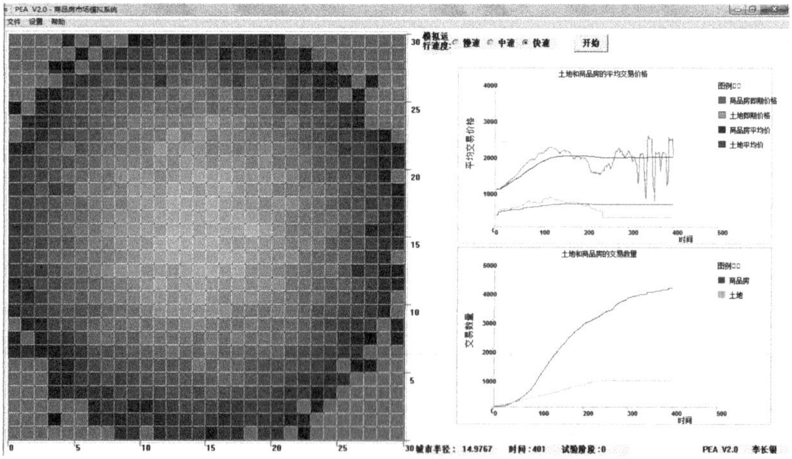


图6-1　收入完全平均条件下的商品房市场

## （一）商品房交易个人所得税

在模拟中，对卖出时持有不超过五年（60个月）的商品房征收个人所得税（以下简称交易税）。二手房交易个人所得税以二手房交易中的差价为税基，即交易价格与商品房购置成本的差值，征收税率20%的二手房交易个人所得税。模拟结果见图6-2。

与对照试验进行对比可以发现，交易税可以降低商品房价格，提高拥有的商品房的居民的比例，降低拥有多套住房的居民比例，表现出良好的调控效果。同时与对照试验相比，图中的商品房平均曲线表现得较为平稳，表明交易税政策可以减少房价波动。

在不同的收入分配结构情况下，交易税的表现有所不同。在高基尼系数条件下，即收入分配差距较差的情况下，交易税的作用更大。模拟中，高基尼系数条件下，执行房产交易税将使房价降低60%以上，可以使拥有商品房的居民主体比例升高30个百分点，同时降低拥有多套住房的居民比例4个百分点。

在低基尼系数条件下，执行房产交易税可以降低房价大概 8%，提高拥有商品房的居民主体的比例 2%，降低拥有多套住房的居民比例 1%。

对比试验结果可以发现，收入分配情况对房产交易税的效果具有非常重要的影响，较高的收入分配差距下，交易税的效果要更加明显。但是对比模拟结果，高基尼系数条件下的房价要高于低基尼系数条件下的房价，这说明交易税政策无法完全消除收入差距对商品房市场造成的影响。

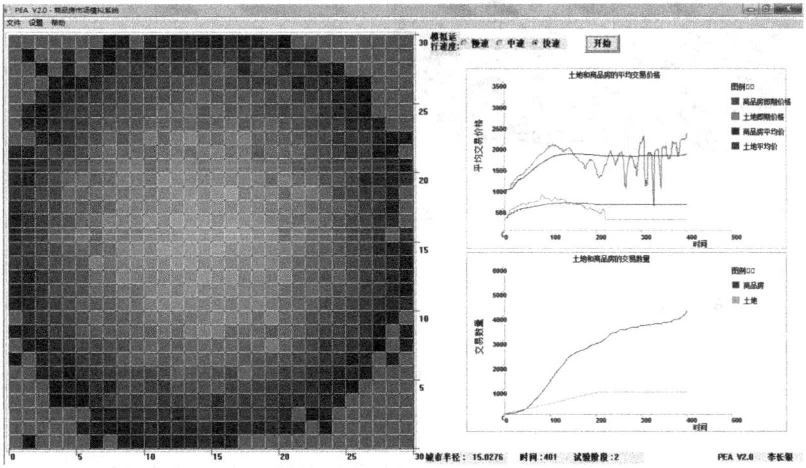


图 6－2　收入完全平等条件下交易税模拟

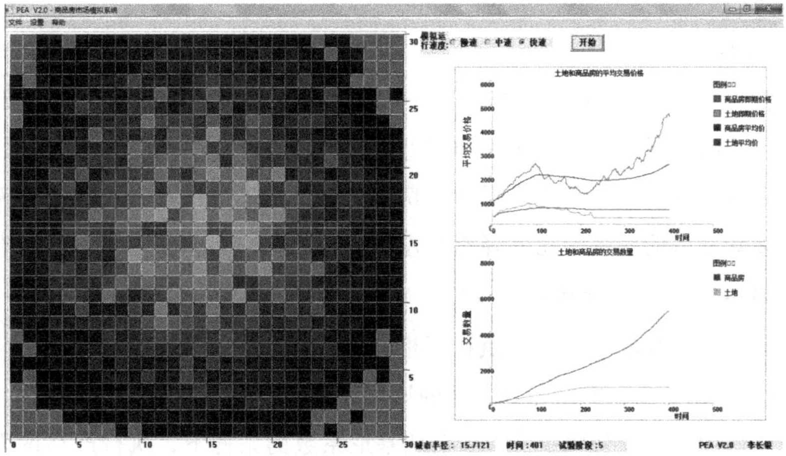


图 6－3　低基尼系数条件下交易税模拟结果

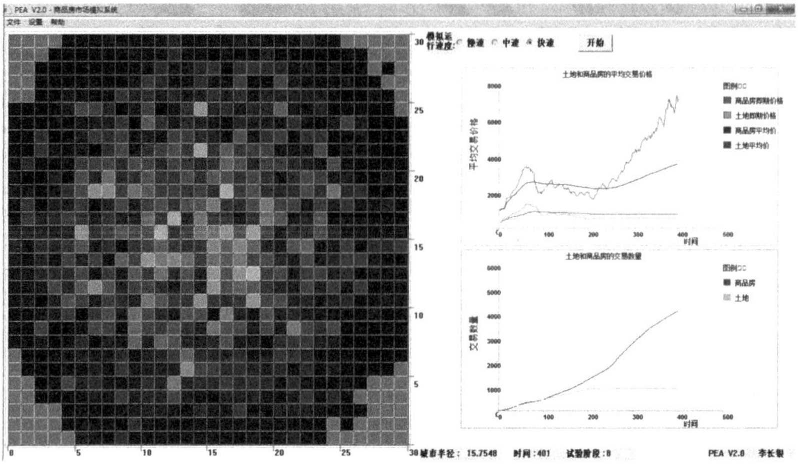


图 6-4　高基尼系数条件下交易税模拟结果

## （二）限购政策

购房政策是一种行政性的商品房市场调控政策，也是需求管理型的调控政策。限购政策具有执行简单，见效快的特点。模拟研究中，假定政府执行严格的限购政策，即严禁已经拥有住房的居民消费者购买第二套住房。这与实际情况有所不同，但是作为一种严格假设，可以提供一种“基准”，用来检验这项政策的作用。

1. 限购政策模拟效果

分析表 6-3 中的模拟结果和图 6-5，图 6-6 和图 6-7 可以发现，限购政策有较好的效果。限购政策可以减少总共的商品房成交量，控制城市规模。同时，限购政策可以明显地降低商品房的价格，提高居民拥有住房的比例，并将拥有多套住房的居民的比例降至 0 左右。

2. 收入分配情况对政策模拟结果的影响

在高基尼系数的条件下，执行严格的限购政策，将使房价大幅度下降，下降幅度达到 78.9%，将拥有商品房的居民主体比例提高 55 个百分点，并将拥有多套住房的居民比例降低为 0。在低基尼系数的条件下，执行严格的限购政策，可以降低商品房的价格，降幅为 48.9%，同时将拥有商品房的居民比例提高 30 个百分点。

由此可见，限购政策可以降低商品房价格、提高拥有商品房的居民比例，同时降低拥有多套房的居民主体的比例。在居民收入分配差距较大的情况下，限购政策的效果更明显。各项指标的降幅要大于收入分配差距较小的情况。同时，值得注意的是，拥有商品房的比例在高基尼系数的情况下要高于低基尼系数的比例值。从图中可以看出，在高基尼系数下，房价会迅速下降，并在一个较长时期维持在较低的位置，这个过程有利于提高居民住房拥有率。

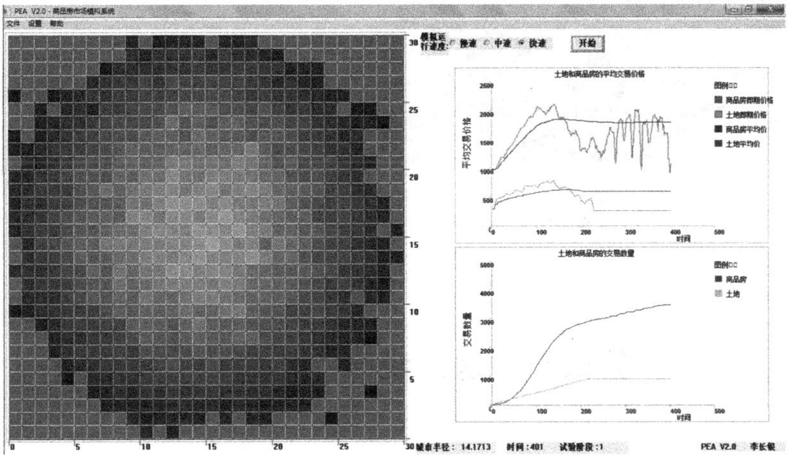


图 6－5　完全平等的条件下的限购政策模拟

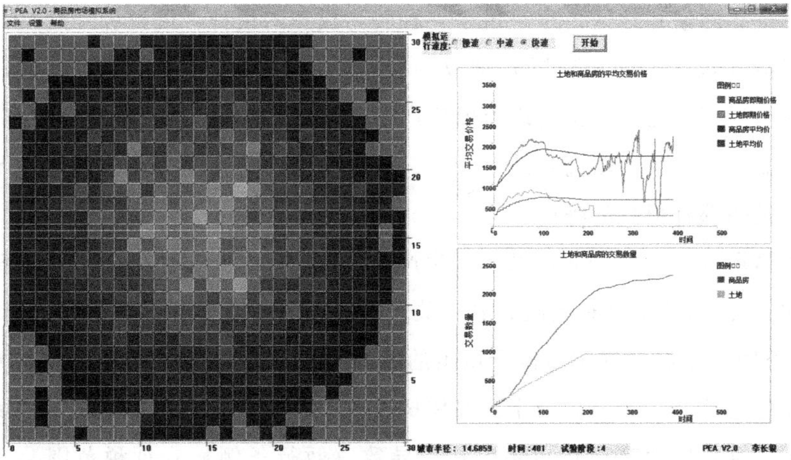


图 6－6　低基尼系数条件下的限购政策模拟

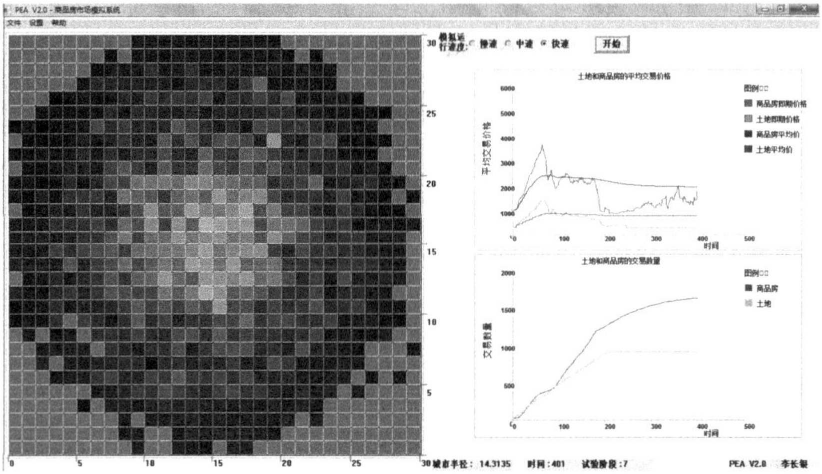


图 6-7 高基尼系数条件下的限购政策模拟

# 第四节 房产税政策模拟研究

## 一、房产税政策的相关背景①

在发达国家和地区，房产税是一种较为成熟的税种，该税种一般是对居民存量财富（包括土地和房屋）征收的一种财产税，是地方政府的重要收入来源。我国近年来也在讨论对现有的房产税进行改革，进一步完善其调控房地产业的功能。在房价不断高企的背景下，房产税作为一种房价调控政策，无论在政府和民间都有很高的呼声。

我国现行的《中华人民共和国房产税暂行条例》（以下简称《暂行条例》）于 1986 年由国务院颁布实施，其中关于房产税的规定具有很大的时代局限性。《暂行条例》中虽然规定对位于城镇的房产每年征收房产税，但对个人所有的非营业住宅免征房产税。由于当时住房改革等政策尚未出台和实施，市场经济体制不完善，房地产市场也不发达，导致《暂行条例》在征税范围、计税依

① 李长银．基于主体建模的房产税政策模拟研究［J］．中国物价，2015（1）：69－71.

据、房地产税费等方面存在很多不足（贾康，2011）。改革开放以来，我国经济形势发生了较大变化，商品房市场逐渐活跃，商品房存量不断增加。一方面，伴随着住房改革的不断深化和居民收入不断提高，商品房市场日趋活跃乃至出现过热现象。另一方面，房产已经成为个人财富的重要组成部分。在这样的经济和社会背景下，房产税作为一种房价调控措施在全社会被广泛地讨论，而官方则关注于税制改革的作用。财政部2010年9月对于房产税的作用做出了公开表述，认为房产税的主要作用是合理调节收入分配，促进社会公平、引导居民合理消费、促进节约用地、健全地方税体系（陈杰，2011）。而公众对房产税最大的期望就是希望房产税能够起到调控房价的作用，以减少商品房市场的投机行为，降低商品房的价格。

2011年1月，上海、重庆作为首批征收房产税的试点城市，对部分居民的房产征收房产税，正式揭开了房产税改革的帷幕。上海市的房产税试点政策中课税对象为本地居民新购的二套及二套以上的住房、外地人新购住房；税率为0.6%；税基为交易价格的70%；其政策目标的侧重点是遏制炒房。重庆市的房产税试点政策的征税对象为个人拥有的独栋商品房、个人新购的高档住宅、外来人员新购的第二套及以上的住房，税率为0.5%～1.2%，税基为商品房的交易价，其目的可以理解为抑制高端住宅消费，调节收入分配。执行效果表明，重庆和上海的房产税试点政策的筹集收入、调控房价和收入分配的作用并不明显，其原因是税基太窄、免税条件太宽泛，免税面积较大、税率偏低、计税依据不够科学和合理（陈杰，2011）。

房产税改革是我国房地产调控政策的重要内容，同时也是我国有关税制建设的重要组成部分，其制定和实施事关各方利益。针对房产税政策设计社会各界开展了广泛的讨论，存在很多的争论点。其中被广泛关注的问题是，房产税是否能影响房价，房产税是否会造成房价的大跌，房产税对“存量房”征收还是对“增量房”征收，我国的土地属于国有，居民仅拥有土地的使用权和建筑的所有权，是否要对使用权纳税，以及不同的房产税设计方案对商品房市场的影响如何？对于房产税政策，众多学者从不同角度进行了研究，也取得了丰富的成果。朱国钟、颜色建立了一个包括居民购房和租房决策的DSGE模型，研究房价和房租的动态轨迹，并通过数值模拟考察不同的调控政策的影响（朱国钟、颜色，2014）。郑思齐、孙伟增、满燕云采用2010年的抽样调查数据，研究了中国245个地级及地级以上城市的房产税征税情况，并分析了房产税的筹集收入的能力以及居民的税收负担情况（郑思齐、孙伟增、满燕云，2013）。于博、邓晓盈等建立商品住宅系统政策仿真模型，模拟房产税政策对住宅需求市场以及住宅价格的影响程度，其研究结果表明房产税短期对住宅市场的价格影响有限（于博、邓晓盈、刘沛，2013）。在这些已有的研究中，均无法对房产税政策的实施效果进行考察和评价，也无法验证不同的政策在不同的居民收入结构下的效果，以及不同的政策叠加之后的效果。

## 二、房产税政策的相关讨论

*1. 房产税的计税依据是否包含土地价格*

在我国的土地管理政策下，土地的所有权归国家所有，商品房的所有者仅拥有商品房占用土地的一定期限的使用权和商品房的所有权。争论的一方认为，商品房所有者在购买商品房时已经支付了一个很高的土地出让金，如果以商品房的价格作为计税依据征收房产税，属于对土地使用权征收税赋，有重复收税的嫌疑。而另一方认为，商品房价格的增长很大一部分是因为政府公共支出带来的增值部分，因此需要对政府的公共服务支付一个价格，这个价格就是房产税，因此对商品房要按其价格征收房产税。实行房产税政策重要的一个目标就是引导商品房市场走向良性发展的方向。因此有必要分别考察两种方案对商品房市场的影响，我们在商品房市场模拟系统中分别模拟两种观点提倡的房产税征收方案，考察其对商品房价格、自有住房居民比率的影响。

*2. 房产税是对存量房还是对增量房征税*

这个争论是房产税政策制定过程中重要的争论之一，这个问题涉及公平性、效率等方面。如果只对增量房征收，那么新增的住房每年都需要缴纳房产税，房产税出台前的住宅则不需要缴纳房产税，会带来同房不同税的问题。由于商品房通常具有40~70年的使用期限，这样的制度安排将会在较长时间范围内给房产税征收工作中带来“双轨制”问题，在一定程度上造成社会资源配置的扭曲；同时，双轨制会减少税基，降低了房产税对居民房产消费的引导作用。如果对全部的房产包括已有的存量住房和新增住房均征收房产税，那么这将会是一个征收范围十分广泛的税收，征收存在难度；同时，这样的方式也带来商品房消费的“纵向不公平”：购买商品房时不征收房产税，拥有商品房一段时间之后忽然开始执行房产税政策，有违公平。

3. 房产税的征收税率

如何确定征收房产税的税率是一个重要的问题。如果房产税税率过低的话，不仅难以对商品房市场形成实质性的影响，而且还会因为居民对政策预期的影响造成房价出现大幅度的反弹。如果房产税税率过高，一方面会给居民造成很大的税务负担，政策的执行会遭遇较大的阻力；另一方面，过高的房产税税负会对商品房市场造成巨大的负面影响，造成商品房市场的大幅波动甚至崩盘。

4. 房产税税基的确定方法

确定房产税税基有两个选择，一个是根据商品房的购买价格或者商品房购买价格的某一个比例确定税基；另一个是按照商品房的实际价值确定税基。将商品房的交易价格作为税基具有简单、容易执行的优点。但是对于多年前交易的商品房，其价格已经增长了很多倍，在这种情况下，按照交易价格作为税基具有很大的局限性；另外，虽然房产的土地可能会升值，但随着建筑年限的提高，建筑却在贬值，仅考虑商品房的初始交易价格难以完全反映商品房的价值。而根据商品房的实际价值确定税基需要专业的不动产评估机构对商品房的价值进行评估作为课税的依据，这种方法可以及时、准确地掌握房产的价值变化，并以此确定纳税额。其缺点是需要一个配套的评估体系和专业评估机构来执行相应的评估工作，具有较高的征收成本，同时也对房产税政策的执行提出了相当高的要求。

## 三、基于主体的房产税政策模拟研究方法

在谈及计算机模型对于政策制定的作用时，美国联邦能源管理局的 Hoecker 认为，一个较好的计算机模型可以从两个方面提高我们对能源网络运行机制的理解：首先，模型可以很好地再现输送网络上的供应商和消费者之间的经济互动；其次，统计这种经济互动实际产生的电能传输量，可以为决策提供依

据，这样的建模要求传统的模型都难以实现（Kahn EP，1998）。Desouza 和 Yuan 提出了基于证据驱动的政策设计方法，其主要内容是以复杂自适应系统理论和计算模型为基础，开发一个政策模拟平台，为政策设计提供科学参考（Desouza K，Yuan L，2013）。这个富有洞见的研究和观点都揭示了计算经济学在政策设计和模拟的方面的潜在作用。我们将“基于主体的商品房市场模拟系统”作为政策研究平台，模拟不同的房产税政策对商品房市场的影响。

基于主体的房产税政策模拟研究方法分为以下几步：第一，采用系统分析的方法，分析经济系统各个组成部分、以及它们之间的关系。要对组成系统的各个部分进行详细的分析，研究组成系统的各个主体拥有的资源、需求、学习进化、与市场互动的方式、消息传递机制、主体的效用函数、参数空间等，同时分析经济系统内部各个市场的组织方式、市场之间的联系、市场与主体之间的信息传递、市场运行的时间尺度。第二，根据分析的结果，自下而上地设计并利用计算机程序开发工具实现一个计算机模型。模型的设计要考虑系统运行的先后时间顺序、逻辑顺序、市场信息的传递顺序、三个市场的衔接（土地市场、商品房市场和信贷市场）、政策变量的控制，模拟数据的输出、模拟结果实时展示等问题。第三，在开发完成的计算机模型内，分别运行相应的政策试验，分析不同的政策或政策组合在不同的市场条件下的执行效果，以期能够为政策的制定提供一定的借鉴和参考（李长银，2015）。

## 四、房产税政策模拟

### （一）模拟试验设计

模拟房产税政策需要综合考虑多种因素的影响。第一，要考虑模拟不同的房产税方案，考察不同的方案的具体效果；第二，要充分考虑一些会影响政策执行效果的客观条件，如居民收入分配结构、房地产市场运行情况的影响；第三，要充分考虑房产税与其他房地产调控政策的叠加效应。因为现行的一些房地产调控政策跟房产税政策一起实施会对商品房市场的运行会造成什么样的影响，这个问题需要慎重对待。因此我们设计以下政策试验，用来分析不同的房产税政策方案在不同情况下的执行效果，具体见表 6 - 4。

表 6-4　　房产税政策模拟试验设计

<table>
<tr><th colspan="3" rowspan="2">房产税方案</th><th colspan="3">无其他调控政策</th><th colspan="3">限购政策</th><th colspan="3">房产交易税政策</th></tr>
<tr><th>0 基尼系数</th><th>低基尼系数</th><th>高基尼系数</th><th>0 基尼系数</th><th>低基尼系数</th><th>高基尼系数</th><th>0 基尼系数</th><th>低基尼系数</th><th>高基尼系数</th></tr>
<tr><td rowspan="4">存量征税</td><td rowspan="2">包含土地价格</td><td>按市场价格征税</td><td>试验 1</td><td>试验 2</td><td>试验 3</td><td>试验 4</td><td>试验 5</td><td>试验 6</td><td>试验 7</td><td>试验 8</td><td>试验 9</td></tr>
<tr><td>按购置价格征税</td><td>试验 10</td><td>试验 11</td><td>试验 12</td><td>试验 13</td><td>试验 14</td><td>试验 15</td><td>试验 16</td><td>试验 17</td><td>试验 18</td></tr>
<tr><td rowspan="2">不包含土地价格</td><td>按市场价格征税</td><td>试验 19</td><td>试验 20</td><td>试验 21</td><td>试验 22</td><td>试验 23</td><td>试验 24</td><td>试验 25</td><td>试验 26</td><td>试验 27</td></tr>
<tr><td>按购置价格征税</td><td>试验 28</td><td>试验 29</td><td>试验 30</td><td>试验 31</td><td>试验 32</td><td>试验 33</td><td>试验 34</td><td>试验 35</td><td>试验 36</td></tr>
<tr><td rowspan="4">增量增税</td><td rowspan="2">包含土地价格</td><td>按市场价格征税</td><td>试验 37</td><td>试验 38</td><td>试验 39</td><td>试验 40</td><td>试验 41</td><td>试验 42</td><td>试验 43</td><td>试验 44</td><td>试验 45</td></tr>
<tr><td>按购置价格征税</td><td>试验 46</td><td>试验 47</td><td>试验 48</td><td>试验 49</td><td>试验 50</td><td>试验 51</td><td>试验 52</td><td>试验 53</td><td>试验 54</td></tr>
<tr><td rowspan="2">不包含土地价格</td><td>按市场价格征税</td><td>试验 55</td><td>试验 56</td><td>试验 57</td><td>试验 58</td><td>试验 59</td><td>试验 60</td><td>试验 61</td><td>试验 62</td><td>试验 63</td></tr>
<tr><td>按购置价格征税</td><td>试验 64</td><td>试验 65</td><td>试验 66</td><td>试验 67</td><td>试验 68</td><td>试验 69</td><td>试验 70</td><td>试验 71</td><td>试验 72</td></tr>
</table>

注：试验考虑了各种房产税政策征收方案在不同的收入分配结构下的效果，以及与其他调控政策的叠加效应。其中 0 基尼系数、低基尼系数和高基尼系数所代表的基尼系数分别为 0、0.28 和 0.68。

### （二）房产税政策模拟结果

1. 不同的房产税政策的模拟结果

按照预定的试验方案，分别对几种房产税方案进行模拟，表 6-5 中列出了房产税政策的模拟结果，其中试验编号是表 6-4 中的试验，模拟结果包括房价、居民中拥有多套住房的比例、居民中拥有住房的比例。模拟中考虑了对所有的存量房征收房产税、仅对执行房产税政策以后的增量商品房征收房产税，税基包含土地价格、税基不包含土地价格，按市场价格征收房产税、按购置商品房时的交易价格征收房产税等几种方案以及它们之间的政策组合。

表 6－5　　　　　　　　　　　房产税政策模拟结果

| 试验结果 \ 房产税 | 无政策 | 存量征税 | | | | 增量征税 | | | |
|---|---|---|---|---|---|---|---|---|---|
| | | 包含土地价格 | | 不包含土地价格 | | 包含土地价格 | | 不包含土地价格 | |
| | | 按市场价格征税 | 按购置价格征税 | 按市场价格征税 | 按购置价格征税 | 按市场价格征税 | 按购置价格征税 | 按市场价格征税 | 按购置价格征税 |
| 试验编号 | 0 | 1 | 10 | 19 | 28 | 37 | 46 | 55 | 64 |
| 房价 | 1828.6 | 1408.0 | 1393.1 | 1501.2 | 1510.4 | 1871.7 | 1864.2 | 1852.2 | 1860.8 |
| 拥有商品房的居民比率 | 84% | 86% | 86% | 83% | 83% | 84% | 85% | 84% | 85% |
| 拥有多套住房的居民比率 | 12% | 2% | 2% | 6% | 7% | 11% | 10% | 12% | 11% |

注：0 号试验为空白对照试验。

从表 6－5 中我们可以看出，对比无房产税政策，按照存量征税能够大幅度降低房价；包含土地价格的征税方案与不包含土地价格的征税方案相比，前者降低商品房价格的作用更加明显；由于征收房产税之后，商品房的市场价格会大幅降低，因此按购置价格征税将带来更大的税负，市场价格会更低。按市场价格征税的方案与按照购置价格征税的方案相比，前者更能降低拥有多套住房的居民比例；同时，与不包含土地价格的征税方案相比，包含土地价格的征税方案对降低拥有多套住房的居民主体的比例的作用会更加明显。

试验结果显示，与无任何政策的试验相比，按照增量房征税对商品房价格、拥有多套商品房居民主体的比例、拥有住房的居民主体的比例影响都不是很大，甚至会在一定程度上提高房价。其原因可能是增量征税减少了拥有多套住房的比例，居民主体可以提高购买首套房的预算资金，从而推高房价。存量征税方案与增量征税方案相比，能更显著地降低房价，能轻微提高拥有商品房的居民比例，同时可以更显著地降低拥有多套房的居民主体的比例。

*2. 居民收入分配对房产税政策的影响*

为了分析收入分配结构对房产税政策的影响，我们分别模拟了房产税政策在不同的收入分配结构下的效果，归纳了其趋势，并摘录在完全平等的收入结构下、低基尼系数下、高基尼系数下的执行效果，以分析说明收入分配结构对房价等指标的影响，具体结果见表 6－6。

**表 6－6　　　　不同收入分配结构下的房产税政策模拟结果**

| 试验结果 \ 房产税政策 | | 存量征税 | | | | 增量征税 | | | |
|---|---|---|---|---|---|---|---|---|---|
| | | 包含土地价格 | | 不包含土地价格 | | 包含土地价格 | | 不包含土地价格 | |
| | | 按市场价格征税 | 按购置价格征税 | 按市场价格征税 | 按购置价格征税 | 按市场价格征税 | 按购置价格征税 | 按市场价格征税 | 按购置价格征税 |
| 低基尼系数 | 编号 | 2 | 11 | 20 | 29 | 38 | 47 | 56 | 65 |
| | 房价 | 1353.6 | 1393.7 | 1391.5 | 1429.9 | 2593.0 | 2521.6 | 2553.1 | 2538.6 |
| | 拥有商品房的居民比率 | 85% | 85% | 84% | 84% | 66% | 67% | 66% | 66% |
| | 拥有多套住房的居民比率 | 2% | 2% | 8% | 7% | 28% | 28% | 28% | 28% |
| 高基尼系数 | 试验编号 | 3 | 12 | 21 | 30 | 39 | 48 | 57 | 66 |
| | 房价 | 1292.2 | 1278.4 | 1236.4 | 1230.3 | 2074.4 | 2015.3 | 2418.0 | 2578.9 |
| | 拥有商品房的居民比率 | 61% | 64% | 58% | 62% | 43% | 42% | 42% | 40% |
| | 拥有多套住房的居民比率 | 10% | 9% | 23% | 24% | 22% | 22% | 23% | 24% |

模拟结果显示，房产税政策在不同的居民收入分配结构下具有不同的执行效果。在存量征税方案下，随着收入分配不平等程度的提高，房产税政策降低房价的效果越来越显著；拥有住房的居民主体的比例会逐渐下降，拥有多套住房的居民主体的比例会逐渐上升。在增量征税方案下，随着收入不平等程度的提高，房价首先会迅速升高，然后有所下降，房产税降低房价的作用得不到任何体现；同时，拥有住房的居民主体的比例会逐渐下降，拥有多套住房的居民主体的比例会逐渐上升。我们推测房价上升的原因是增量征税政策提高了二套以及以上的商品房的成本，因此推升了第一套房子的价格。

*3. 房产税政策与其他房地产市场调控政策的叠加效果*

从以上的两个试验可以看出，房产税政策具有明显降低房价的效果，同时也会增加居民的税负，降低居民拥有二套以上商品房的比例。但是房产税的这些功能与之前的商品房调控政策如限购政策、房产交易税政策等有明显的重合。我们设计了试验，同时执行房产税政策和限购政策、房产交易税等政策，考察多个政策的叠加效应，运行结果见表6-7。

表6-7　　房产税政策与其他调控政策的叠加效果模拟

| 房产税政策 / 试验结果 | | 存量征税 | | | | 增量征税 | | | |
|---|---|---|---|---|---|---|---|---|---|
| | | 包含土地价格 | | 不包含土地价格 | | 包含土地价格 | | 不包含土地价格 | |
| | | 按市场价格征税 | 按购置价格征税 | 按市场价格征税 | 按购置价格征税 | 按市场价格征税 | 按购置价格征税 | 按市场价格征税 | 按购置价格征税 |
| 限购政策 | 试验编号 | 4 | 13 | 22 | 31 | 40 | 49 | 58 | 67 |
| | 房价 | 1412.9 | 1407.8 | 1481.0 | 1487.1 | 1834.7 | 1780.3 | 1811.0 | 1816.5 |
| | 拥有商品房的居民比率 | 87% | 87% | 86% | 85% | 86% | 86% | 87% | 87% |
| | 拥有多套住房的居民比率 | 0% | 0% | 0% | 0% | 0% | 0% | 0% | 0% |
| 房产交易税政策 | 试验编号 | 7 | 16 | 25 | 34 | 43 | 52 | 61 | 70 |
| | 房价 | 1413.7 | 1398.0 | 1477.7 | 1519.3 | 1828.0 | 1841.7 | 1889.0 | 1875.3 |
| | 拥有商品房的居民比率 | 86% | 86% | 84% | 84% | 83% | 84% | 85% | 81% |
| | 拥有多套住房的居民比率 | 2% | 2% | 5% | 6% | 12% | 11% | 11% | 15% |

试验结果表明，限购政策与房产税政策叠加之后，与未叠加房产税政策之前相比，无论是在存量征税方案下还是在增量征税方案下都能够降低商品房价格，但是幅度不大；同时，拥有商品房的居民主体比例没有明显变化，拥有多套住房的居民主体的比例却因为限购政策降低为0或者接近0。房产交易税政策与房产税政策叠加之后，对房价的影响不大，在存量征税的方案下能够轻微提高拥有商品房的居民的比例和拥有多套住房的居民主体的比例。但是在增量增税方案下，房产交易税政策会降低拥有商品房的居民主体的比例，同时提高拥有多套住房的居民比例。究其原因，房产交易税会限制多套住房的交易，同时增量征税政策对存房成本没有任何影响，导致了较高的二套房保有率。

## 第五节　本章小结

本章利用“基于主体建模的计算经济学（ACE）”的研究方法来研究我国房产税政策，考察我国商品房市场的现状，梳理了我国的房产税政策的相关实践和有关房产税政策的研究成果，提出利用ACE方法来研究房产税政策的新思路。目前我国学者对房产税政策的关注主要集中在四方面：征收房产税是否包含土地价格、征收房产税是对存量房征税还是对增量房征税、房产税是按市场价格征收还是按照购置价格征收。针对这个四个政策关注点，研究采用ACE方法建立了一个“基于主体的模拟商品房市场模拟模型”，并以此系统为政策模拟平台对不同的房产税征收方案进行模拟研究。模拟研究中充分考虑了居民收入分配结构对房产税的执行效果的影响、现有调控政策与房产税政策的叠加效应。研究中设计了大量的政策试验，产生了丰富的结果，模拟了不同的商品房调控政策对商品房市场的影响。针对国内目前对房产税的争论，本书应用模型对社会上讨论最多的征税方案进行模拟研究。研究结果表明，不同的收入方案的效果具有明显的差异，同时，收入分配情况对政策的执行会产生重要的影响。

# 第七章　结论与展望

## 第一节　结　　论

本书采用复杂自适应系统理论和网络理论作为指导理论，研究对经济系统进行模拟研究的方法，提出了基于主体的经济系统网络化建模方法，研究经济系统运行的规律。将经济系统作为由相互作用的“自治主体”自下而上地组成的演化经济模型，利用主体之间的互动和博弈以及主体与宏观、微观经济环境之间的互动以及宏观层次的“涌现现象”研究经济系统的运行规律。

本书首先对现有的经济学研究方法进行了分析，认为传统的经济学研究方法具有一定的局限性。在传统经济学研究中存在大量脱离实际的假设，这些假设虽然在一定程度上简化了研究对象，使得借助简单数学工具就可将研究进行下去，但是同时也忽略了大量的异质性的信息，降低了传统经济学研究的准确性和预测能力，给经济学研究带来了严重的局限性。随后对基于主体建模的计算经济学的相关研究进行综述，认为现有的基于主体建模的计算经济学研究存在两个主要的问题：其一，没有考虑主体之间的网络结构，对主体之间互动的研究缺乏理论指导；其二，在目前现有的主体学习算法中，没有考虑主体所处的网络结构对主体学习行为的影响。

美国的 ASPEN 模型和欧盟的 EURace 模型是世界上可以针对较大区域经济系统进行建模研究的项目。本书对这两个模型的建模方法进行了详细研究。在此基础上，将复杂自适应系统理论和网络科学理论结合起来，提出了一套基于主体的经济系统网络化建模方法。将建模过程分四个阶段，分别是整体建模阶段、主体节点和网络建模阶段、经济系统互动建模阶段、经济系统个体与整体互动建模阶段，并以商品房市场模拟为例，对各个阶段的建模进行详细的分析和研究。

本书对现有的主要主体学习算法进行总结，并对各个算法的使用环境、适用原则进行研究。在此基础上，结合网络科学理论，提出了一个网络化学习算法。该算法考虑了社会网络和经济网络对主体学习影响，可以更好地模拟和研究不同的行为策略在经济系统中的传播，同时可以研究经济危机中的行为传染等。

以我国商品房市场为例，采用基于主体建模经济系统网络化建模方法，自下而上地对商品房市场进行系统性的分析和建模。针对中国商品房市场的特点，设计并实现了一个商品房市场模拟模型。模型包含居民消费者主体、房地产商、政府主体和银行信贷主体共四类主体，并包含土地市场、商品房市场、信贷市场三个子市场。系统从微观层面模拟了政府、房地产开发商、居民和银行等多个主体和组织之间的互动，以及各种宏观层面的市场信息对各类主体的反馈作用。模型中的主体是模型中的主要活动对象，通过主体之间不断互动，以及主体对环境的不断适应，主体不断地进化学习并推动整个系统的发展。

通过调整政策模拟参数和主体之间互动过程，将建立的商品房市场模型作为政策试验平台，模拟不同的商品房市场政策的执行效果，调控政策叠加的效果、以及这些政策在不同的收入分配条件下作用。研究结果表明，利用基于主体建模的计算经济学方法模拟商品房市场，可得出了与传统的 Alonso 模型类似的商品房价格梯度分布结构，这说明模型具有一定的可靠性。这表明了在商品房市场模拟方面，基于主体建模的计算经济学方法与传统的研究方法存在内在的一致性，二者可以相互补充。

研究中将基于主体的商品房市场网络化模型作为一个政策模拟平台，对不同的房产税征收方案进行模拟研究。模拟研究中充分考虑了居民收入分配结构对房产税的执行效果的影响、现有调控政策与房产税政策的叠加效应。研究中设计了大量的政策试验，产生了丰富的结果，模拟了不同的商品房调控政策对商品房市场的影响。模拟研究表明，收入分配、交通成本、居民的偏好都对商品房市场具有重大的影响。针对国内目前对房产税的争论，本书应用模型对社会上讨论最多的征税方案进行模拟研究。研究结果表明，不同的收入方案的效果具有明显的差异，同时，收入分配情况对政策的执行会产生重要的影响。

本研究在模型建模方法、主体学习算法、政策模拟平台、模型开发方面具有一定的创新。

（1）在理论上，结合复杂自适应系统理论和网络科学理论，提出了“基于主体的网络化建模方法”，用于研究和分析经济系统中的网络化结构以及网络化结构对经济系统的影响。该方法能够更好地分析和研究经济系统中的微观结构和微观动态，并对经济系统面对内外部冲击时的反应进行模拟研究。

（2）对个体的学习算法进行拓展。在实际学习过程中，个体所处的社会网络和交易网络对其能接触到的信息有很大的影响，这必然会影响到个体的学习过程。本研究将个体的预期和微观结构加入个体的学习算法中，可以更好地体现个体的学习过程。

（3）初步进行了政策模拟平台的相关研究。该研究以复杂自适应系统（CAS）的相关理论为基础，采用计算经济学的相关研究方法结合我国经济运行的具体情况建立经济系统模拟模型。根据实际政策决策需要，设计不同的政策试验并在模型中模拟执行。通过观察不同条件下的政策试验的模拟结果，可以更加详细和具体地了解市场的运行规律，为政策的制定和实施提供较为具体的决策支持。

（4）进行自主的平台开发研究。在计算经济学的相关研究中，模型的实现占了较为重要的一部分。本研究采用高级计算机开发语言，从底层自主开发了一套商品房市场模拟系统。开发过程中积累了大量的开发经验，为未来的研究打下坚实的基础。在未来，可以对模型进行细化和扩充，加入更多的经济部门和市场，实现更大规模和更加精确的计算机模拟研究。

## 第二节　政策建议

（1）重视基于主体建模的计算经济学的研究。基于主体的计算经济学研究方法作为一种新的方法，在经济系统研究和政策设计、政策效果评价等方面具有一定的优势。在国际上，美国、欧盟、澳大利亚等国家对此都非常重视，成立了很多专门性的研究机构，并投入大量的人力物力进行研究。美国和欧盟都建立了全国经济系统的计算经济学仿真平台，研究经济系统运行和经济政策的设计和评估，这些系统已经在经济学和其他学科的相关研究中发挥了一定的作用。我国目前尚未有专门性的计算经济学研究机构和大型的计算经济学研究项目，未来我国需要在该领域加大研究力度。

（2）建立商品房政策模拟平台，用于商品房市场相关政策效果的事前评估。自下而上建立的商品房市场充分考虑了各个主体之间的互动和博弈。在这个基础上模拟各种政策，可以在政策执行之前充分发现其执行效果和各种副作用。因此，结合城市的具体情况建立一个基于主体的商品房市场模拟模型对于政策制定、政策模拟等都具有重要的辅助意义。

（3）适时出台房产税政策。根据我们的模拟结果，限购、房产税和商品房交易税三种调控政策对调整商品房价格都有一定的影响，其中房产税对于降低商品房价格，稳定商品房市场作用最为显著。限购、房产交易税政策目前都已经实施，取得了一定的效果。同时，房产税是基础性的税收种类，在西方国家中房产税是市场的框架性规则，越早出台给市场带来的冲击也越小。为了减少商品房市场的波动，减少泡沫，应结合我国商品房市场的运行态势，适时出台房产税政策。

（4）调整收入分配政策、减小收入差距。本书研究认为，收入分配结构对城市商品房市场价格具有一定的影响，同时也对政府的调控政策执行效果具有一定的影响。因此在考虑城市商品房价格时，应将收入分配政策也考虑进来。为了调控城市商品房市场价格，建议采取收入分配调控措施，缩小城市收入分配的差距。这对于减小商品房市场波动，提高拥有商品房的居民主体的比率、降低商品房价格都具有一定的作用。

## 第三节 研究的不足和展望

目前的研究是“基于主体的经济系统网络化建模研究”，还是针对单个较小规模的市场进行的，缺乏对大规模、多部门的整个经济系统模拟的能力，在未来的研究中，可以实现进一步增加多个经济部门、多个区域，考虑劳动力迁徙、人力资本等一系列的特性的建模方法。

目前的商品房市场的模拟研究还是初步研究，缺乏结合具体数据进行有针对性的研究。未来的研究中我们需要细化模型的各个部分，增加一些其他的区位因素（如学校、医院）、宏观经济环境、金融系统、财政政策、金融政策等条件对商品房市场的影响的模拟；细化模型中的主体的差异化特性以及效用函数等；同时对国家的商品房调控政策和房地产行业与宏观经济的关系进行模拟研究。在此基础上结合某一城市的具体数据对模型参数进行校准，以期对我国城市商品房市场的发展和管理的实践活动提供更多的启发和帮助。

# 参考文献


[1] Alexandrova – kabadjova B., Tsang E., Krause A. Market structure and information in payment card markets [J]. *International Journal of Automation & Computing*, 2011 (3): 364 – 370.

[2] Alonso W. A theory of the urban land market [J]. *Papers in Regional Science*, 1960, 6 (1): 149 – 157.

[3] Alonso W. *Location and Land Use: Toward a General Theory of Land Rest* [M]. New York: Cambridge University Press, 1964: 1 – 224.

[4] Anufriev M., Arifovic J., Ledyard J., et al. Efficiency of continuous double auctions under individual evolutionary learning with full or limited information [R]. Springer, 2011.

[5] Arifovic J. The behavior of the exchange rate in the genetic algorithm and experimental economies [J]. *Journal of Political Economy*, 1996, 104 (3): 510 – 541.

[6] Arifovic J., Gencay R. Statistical properties of genetic learning in a model of exchange rate [J]. *Journal of Economic Dynamics and Control*, 2000, 24 (5): 981 – 1005.

[7] Arthur W. B. Inductive reasoning and bounded rationality [J]. *The American Economic Review*, 1994, 84 (2): 406 – 411.

[8] Arthur W. B., Holland J. H., Lebaron B., et al. Asset pricing under endogenous expectations in an artificial stock market [R]. Brunel University, London, 1996.

[9] Bak P., Paczuski M., Shubik M. Price variations in a stock market with many agents [J]. *Physica A: Statistical Mechanics and Its Applications*, 1997, 246 (3): 430 – 453.

[10] Ballot G., Mandel A., Vignes A. Agent - based modeling and economic theory: where do we stand? [J]. *Journal of Economic Interaction and Coordination*, 2014 (1): 1 - 23.

[11] Barr J. M., Tassier T., Ussher L. J., et al. The future of agent - based research in economics: a panel discussion, eastern economic association annual meetings, boston, march 7, 2008 [J]. *Eastern Economic Journal*, 2008, 34 (4): 550 - 565.

[12] Basu N., Pryor R., Quint T. Aspen: a microsimulation model of the economy [J]. *Computational Economics*, 1998, 12 (3): 223 - 241.

[13] Basu N., Pryor R. J. Growing a market economy [R]. Albuquerque, New Mexico: Sandia National Laboratories, 1997.

[14] Bonabeau E. Agent - based modeling: methods and techniques for simulating human systems [J]. *Proceedings of the National Academy of Sciences of the United States of America*, 2002, 99: 7280 - 7287.

[15] Börgers T. On the relevance of learning and evolution to economic theory [J]. *The Economic Journal*, 1996, 106 (48): 1374 - 1385.

[16] Boswijk H. P., Hommes C. H., Manzan S. Behavioral heterogeneity in stock prices [J]. *Journal of Economic Dynamics and Control*, 2007, 31 (6): 1938 - 1970.

[17] Bray M. Learning, estimation, and the stability of rational expectations [J]. *Journal of Economic Theory*, 1982, 26 (2): 318 - 339.

[18] Brown G. W. Iterative solution of games by fictitious play [J]. *Activity Analysis of Production and Allocation*, 1951, 13 (1): 374 - 376.

[19] Brueckner J. K., Largey A. G. Social interaction and urban sprawl [J]. *Journal of Urban Economics*, 2008, 64 (1): 18 - 34.

[20] Bush R. R., Mosteller F. *Stochastic Models for Learning* [M]. Oxford: John Wiley & Sons, Inc., 1955: 1 - 365.

[21] Caballero R. J. Macroeconomics after the crisis: time to deal with the pretense - of - knowledge syndrome [R]. National Bureau of Economic Research, 2010.

[22] Camerer C., Hua ho T. Experience weighted attraction learning in normal form games [J]. *Econometrica*, 1999, 67 (4): 827 -874.

[23] Chen S., Yeh C. Evolving traders and the business school with genetic programming: a new architecture of the agent - based artificial stock market [J]. *Journal of Economic Dynamics and Control*, 2001, 25 (3): 363 -393.

[24] Cincotti S., Raberto M., Teglio A. Credit money and macroeconomic instability in the agent - based model and simulator eurace [J]. *Economics: the Open - access, Open - assessment E - journal*, 2010, 4: 1 -32.

[25] Colander D., Haas A., Goldberg M., et al. The financial crisis and the systemic failure of academic economics [J]. *Critical Review*, 2011, 21 (2): 249 -267.

[26] Cross J. G. A stochastic learning model of economic behavior [J]. *The Quarterly Journal of Economics*, 1973, 87 (2): 239 -266.

[27] Cross J. G. *A Theory of Adaptive Economic Behavior* [M]. Cambridge United Kingdom: Cambridge University Press, 1983: 1 -256.

[28] Dawid H., Gemkow S., Harting P., et al. Agent - based macroeconomic modeling and policy analysis: the eurace@ unibi model [R]. Bielefeld, Germany: Bielefeld Working Papers in Economics and Management, 2014.

[29] Delong J. B. Economics in crisis [J]. *The Economists' Voice*, 2011, 8 (2): 1 -2.

[30] Desouza K., Yuan L. Towards evidence - driven policy design: complex adaptive systems and computational modeling [J]. *Annual Review of Policy Design*, 2013, 1 (1): 1 -19.

[31] Diamond P., Vartiainen H. *Behavioral Economics and Its Applications* [M]. Princeton: Princeton University Press, 2012.

[32] Dosi G. Economic coordination and dynamics: some elements of an alternative "evolutionary" paradigm [R]. Lem Working Paper Series, 2012.

[33] Dosi G., Fagiolo G., Napoletano M., et al. Fiscal and monetary policies in complex evolving economies [R]. Maastricht University School of Business and Economics, Graduate School of Business and Economics (gsbe), 2014.

[34] Dosi G., Fagiolo G., Napoletano M., et al. Income distribution, credit and fiscal policies in an agent – based keynesian model [J]. *Journal of Economic Dynamics and Control*, 2013, 37 (8): 1598 – 1625.

[35] Dosi G., Llerena P., Labini M. S. The relationships between science, technologies and their industrial exploitation: an illustration through the myths and realities of the so – called "european paradox" [J]. *Research Policy*, 2006, 35 (10): 1450 – 1464.

[36] Dosi G., Marengo L., Fagiolo G. Learning in evolutionary environments [R]. Pisa, Italy: Laboratory of Economics and Management (lem), 2003.

[37] Duffy J. Agent – based models and human subject experiments [C]. Karl Schmedders and Kenneth L. Judd. Handbook of Computational Economics. Netherlands: Elsevier, 2006: 949 – 1011.

[38] Epstein J. M. Agent – based computational models and generative social science [J]. *Generative Social Science: Studies in Agent – based Computational Modeling*, 1999, 4 (5): 4 – 46.

[39] Epstein J. M., Axtell R. Growing artificial societies: social science from the bottom up [J]. *Computers & Mathematics with Applications*, 1997, 33 (5): 127 – 127.

[40] Fagiolo G., Moneta A., Windrum P. A critical guide to empirical validation of agent – based models in economics: methodologies, procedures, and open problems [J]. *Computational Economics*, 2007, 30 (3): 195 – 226.

[41] Farmer J. D., Foley D. The economy needs agent – based modelling [J]. *Nature*, 2009, 460 (7256): 685 – 686.

[42] Filatova T., Parker D., Van der veen A. Agent – based urban land markets: agent's pricing behavior, land prices and urban land use change [J]. *Journal of Artificial Societies and Social Simulation*, 2009, 12 (1): 3.

[43] Forni M., Lippi M. *Oup Catalogue* [M]. Oxford: Oxford University Press, 1997: 1 – 256.

[44] Gardner M. Mathematical games: the fantastic combinations of john conway's new solitaire game "life" [J]. *Scientific American*, 1970, 223 (4):

120 – 123.

[45] Gatti D. D., Di guilmi C., Gallegati M., et al. Financial fragility, industrial dynamics, and business fluctuations in an agent – based model [J]. *Macroeconomic Dynamics*, 2007, 11 (S1): 62 – 79.

[46] Gintis H. The dynamics of general equilibrium [J]. *The Economic Journal*, 2007, 117 (523): 1280 – 1309.

[47] Griliches Z. Estimating the returns to schooling: some econometric problems [J]. *Econometrica: Journal of the Econometric Society*, 1977, 45 (1): 1 – 22.

[48] Herath S., Maier G. Local particularities or distance gradient: what matters most in the case of the viennese apartment market? [J]. *Journal of European Real Estate Research*, 2013, 6 (2): 163 – 185.

[49] Holland J. H. Complex adaptive systems [J]. *Daedalus*, 1992, 121 (1): 17 – 30.

[50] Holland J. H., Miller J. H. Artificial adaptive agents in economic theory [J]. *The American Economic Review*, 1991, 81 (2): 365 – 370.

[51] Holland J. H. *Hidden Order: How Adaptation Builds Complexity* [M]. Redwood City, Ca, Usa: Addison Wesley Longman Publishing Co., Inc., 1995.

[52] Kahn E. P. Numerical techniques for analyzing market power in electricity [J]. *The Electricity Journal*, 1998, 11 (6): 34 – 43.

[53] Kay J. The map is not the territory: an essay on the state of economics [R]. New York: Institute for New Economic Thinking, 2011.

[54] Kirman A. The economic crisis is a crisis for economic theory [J]. *Cesifo Economic Studies*, 2010, 56 (4): 498 – 535.

[55] Kirman A. P. Whom or what does the representative individual represent? [J]. *The Journal of Economic Perspectives*, 1992, 6 (2): 117 – 136.

[56] Krugman P. How did economists get it so wrong? [J]. *New York Times*, 2009, 6 (9): 1 – 30.

[57] Krugman P. Can europe be saved? [N/OL]. The New York Times, 2011 – 1 – 12. http://www.nytimes.com/2011/01/16/magazine/16Europe – t.html?

pagewanted = print.

[58] Krugman P. The profession and the crisis [J]. *Eastern Economic Journal*, 2011, 37 (3): 307 -312.

[59] Ladyman J., Lambert J., Wiesner K. What is a complex system? [J]. *European Journal for Philosophy of Science*, 2013, 3 (1): 33 -67.

[60] Lancaster K. J. A new approach to consumer theory [J]. *The Journal of Political Economy*, 1966, 74 (2): 132 -157.

[61] Lane D. A. Artificial worlds and economics, part i [J]. *Journal of Evolutionary Economics*, 1993, 3 (2): 89 -107.

[62] Lane D. A. Artificial worlds and economics, part ii [J]. *Journal of Evolutionary Economics*, 1993, 3 (3): 177 -197.

[63] Lebaron B., Arthur W. B., Palmer R. Time series properties of an artificial stock market [J]. *Journal of Economic Dynamics and Control*, 1999, 23 (9): 1487 -1516.

[64] Lengnick M., Wohltmann H. Agent - based financial markets and new keynesian macroeconomics: a synthesis [J]. *Journal of Economic Interaction and Coordination*, 2013, 8 (1): 1 -32.

[65] Lettau M. Explaining the facts with adaptive agents: the case of mutual fund flows [J]. *Journal of Economic Dynamics and Control*, 1997, 21 (7): 1117 -1147.

[66] Lind J. *Iterative Software Engineering for Multiagent Systems: the Massive Method* [M]. New York: Springer - verlag, 2001.

[67] Macal C. M., North M. J. Agent - based modeling and simulation [C]. Winter Simulation Conference, 2009: 86 -98.

[68] Manson S. M. Agent - based modeling and genetic programming for modeling land change in the southern yucatan peninsular region of mexico [J]. *Agriculture, Ecosystems & Environment*, 2005, 111 (1): 47 -62.

[69] Manson S. M., Sun S., Bonsal D. Agent - based modeling and complexity [J]. *Agent - based Models of Geographical Systems*, 2012 (4): 125 - 139.

[70] Parker D. C., Filatova T. A conceptual design for a bilateral agent -

based land market with heterogeneous economic agents [J]. *Computers, Environment and Urban Systems*, 2008, 32 (6): 454 - 463.

[71] Parker D., Brown D., Polhill J., et al. *Agent - based Modeling in Natural Resource Management* [M]. Valladolid, Spain: Al Paredes and Ch Iglesias, 2008: 23 - 51.

[72] Pickhardt M., Seibold G. Income tax evasion dynamics: evidence from an agent - based econophysics model [J]. *Journal of Economic Psychology*, 2014, 40 (2): 147 - 160.

[73] Raberto M., Teglio A., Cincotti S. Integrating real and financial markets in an agent - based economic model: an application to monetary policy design [J]. *Computational Economics*, 2008, 32 (1): 147 - 162.

[74] Raberto M., Teglio A., Cincotti S. Debt, deleveraging and business cycles: an agent - based perspective [J]. *Economics: the Open - access, Open - assessment E - journal*, 2012, 6: 1 - 49.

[75] Reynolds C. W. Flocks, herds and schools: a distributed behavioral model [Z]. Acm, 1987: 25 - 34.

[76] Rosen S. Hedonic prices and implicit markets: product differentiation in pure competition [J]. *The Journal of Political Economy*, 1974, 82 (1): 34 - 55.

[77] Rosser J. B. *Complex Evolutionary Dynamics in Urban - regional and Ecologic - economic Systems: From Catastrophe to Chaos and Beyond* [M]. New York: Springer Science & Business Media, 2011: 1 - 331.

[78] Routledge B. Artificial selection: genetic algorithms and learning in a rational expectations model [R]. British Columbia: University of British Columbia Working Paper, 1994.

[79] Sarin R., Vahid F. Payoff assessments without probabilities: a simple dynamic model of choice [J]. *Games and Economic Behavior*, 1999, 28 (2): 294 - 309.

[80] Tesfatsion L. Agent - based computational economics: growing economies from the bottom up [J]. *Artificial Life*, 2002, 8 (1): 55 - 82.

[81] Tesfatsion L. *Handbook of Computational Economics* [M]. Netherlands: Elsevier, 2006: 831 - 880.

[82] Von neumann J., Burks A. W. *Theory of Self - reproducing Automata* [M]. Urbana: University of Illinois Press Urbana, 1966.

[83] Weaver W. A quarter century in the natural sciences [J]. *Public Health Reports*, 1961, 76 (1): 57.

[84] Weiss M. Pattern - driven design of agent systems: approach and case study [C]. Advanced Information Systems Engineering, Springer, 2003: 711 - 723.

[85] Werker C., Brenner T. Empirical calibration of simulation models [R]. Papers on Economics and Evolution, 2004.

[86] Wolf S., Fürst S., Mandel A., et al. A multi - agent model of several economic regions [J]. *Environmental Modelling & Software*, 2013, 44 (1): 25 - 43.

[87] Wooldridge M., Jennings N. R., Kinny D. The gaia methodology for agent - oriented analysis and design [J]. *Autonomous Agents and Multi - agent Systems*, 2000, 3 (3): 285 - 312.

[88] Zellner A. *An Introduction to Bayesian Inference in Econometrics* [M]. New York: John Wiley & Sons, 1996: 1 - 448.

[89] 陈灿煌. 房价上涨与城市居民收入差距的关系 [J]. 统计与决策, 2007 (22): 87 - 89.

[90] 陈灿煌, 张立军. 高房价对社会经济的影响及对策 [J]. 价格理论与实践, 2006 (3): 50 - 51.

[91] 陈杰. 房产税试点初评与房产税改革深化的意义 [J]. 探索与争鸣, 2011 (5): 48 - 52.

[92] 范如国, 叶菁, 杜靖文. 基于 Agent 的计算经济学发展前沿: 文献综述 [J]. 经济评论, 2013 (2): 145 - 150.

[93] 高沂. 层次分析法在商品住宅定价管理中的应用 [J]. 管理观察, 2009 (6): 81 - 82.

[94] 韩剑鸣. 房地产定价模型的研究 [J]. 宁波职业技术学院学报,

2003 (3): 12 - 14.

[95] 韩小亮, 邓祖新. 计算经济学与交通行为研究 [J]. 财经研究, 2004, 30 (7): 5 - 13.

[96] 韩小亮, 邓祖新. 城市交通拥堵的经济学分析——基于计算经济学的模拟检验 [J]. 财经研究, 2006 (5): 19 - 31.

[97] 黄璜. 基于社会资本的合作演化研究——"基于主体建模"方法的博弈推演 [J]. 中国软科学, 2010 (9): 173 - 184.

[98] 霍翠凤. 模糊数学在房地产项目定价中的应用 [J]. 中国物价, 2009 (7): 34 - 37.

[99] 贾康. 房产税改革: 美国模式和中国选择 [J]. 人民论坛, 2011 (2): 48 - 50.

[100] 蒋一军, 袭江辉. 房地产价格指数与 Hedonic 模型 [J]. 中国资产评估, 1996 (3): 30 - 32.

[101] 李红权. 计算金融学与政策模拟的前沿研究动态 [J]. 计算机工程与应用, 2010 (18): 21 - 23, 29.

[102] 李延喜, 陈冬, 毕振华, 等. 房地产定价中市场法应用的中美比较 [J]. 华东经济管理, 2005 (10): 20 - 22.

[103] 李长银. 基于主体建模的房产税政策模拟研究 [J]. 中国物价, 2015 (1): 69 - 71.

[104] 李智锋. 基于改进回归和主成份分析的商品房定价决策模型 [J]. 统计与决策, 2011 (2): 31 - 33.

[105] 廖守亿, 戴金海. 复杂适应系统及基于 Agent 的建模与仿真方法 [J]. 系统仿真学报, 2004, 16 (1): 113 - 117.

[106] 卢金北, 刘立秋. 基于交易的房地产定价模型研究 [J]. 沈阳理工大学学报, 2005 (3): 87 - 90.

[107] 马思新, 李昂. 基于 Hedonic 模型的北京住宅价格影响因素分析 [J]. 土木工程学报, 2003 (9): 59 - 64.

[108] 施永仁, 高亮, 张江, 等. 基于 Agent 的计算经济学及其在供应网络中的应用 [J]. 复杂系统与复杂性科学, 2006 (2): 69 - 76.

[109] 司继文, 韩莹莹, 罗希. Hedonic 住宅特征价格模型的 BP 神经网络

方法［J］. 管理学报, 2012（7）: 1007－1012.

［110］宋学锋. 复杂性，复杂系统与复杂性科学［J］. 中国科学基金，2003, 17（5）: 262－269.

［111］宋永发，王颖，王建东，等. 基于主成分分析法的特征价格模型［J］. 价值工程，2008（4）: 134－137.

［112］汪立，范英，魏一鸣. 基于Agent的中国成品油市场模型及其仿真研究［J］. 管理科学，2007, 20（5）: 76－82.

［113］王德，黄万枢. Hedonic住宅价格法及其应用［J］. 城市规划，2005（3）: 62－71.

［114］王珊珊，于雯媛. 基于AHP方法的竞争量化房地产定价模型［J］. 现代商贸工业，2011（6）: 22－23.

［115］王正中. 复杂系统仿真方法及应用［J］. 计算机仿真，2001（1）: 3－6.

［116］鲜于波，梅琳. 适应性预期、复杂网络与标准扩散动力学——基于计算经济学的研究［J］. 管理科学，2007（4）: 62－72.

［117］杨敏，熊则见. 模型验证——基于主体建模的方法论问题［J］. 系统工程理论与实践，2013（6）: 1458－1470.

［118］杨阳. 中国股指期货市场涨跌幅制度研究［D］. 天津：天津大学，2012.

［119］于博，邓晓盈，刘沛. 基于系统动力学的房产税政策仿真研究［J］. 价值工程，2013（29）: 124－126.

［120］袁家海，丁伟，胡兆光. 基于Agent的计算经济学及其在电力市场理论中的应用综述［J］. 电网技术，2005（7）: 47－51.

［121］约翰·H. 米勒，斯科特·E. 佩奇. 复杂适应系统：社会生活计算模型导论［M］. 上海：上海人民出版社，2007: 57.

［122］张江，李学伟. 经济复杂系统的建模研究——人工经济模型［J］. 复杂系统与复杂性科学，2005（4）: 37－45.

［123］张金清，彭俊. 上海市房价逐年上涨的形成原因及实证研究［J］. 生产力研究，2006（9）: 117－118, 138.

［124］张冕，陈守明. 基于Hedonic定价理论的上海房地产价格实证分析

[J]. 金融经济，2008 (6)：72 – 74.

[125] 郑思齐，孙伟增，满燕云. 房产税征税条件和税收收入的模拟测算与分析——基于中国245个地级及以上城市大样本家庭调查的研究 [J]. 广东社会科学，2013 (4)：5 – 15.

[126] 朱国钟，颜色. 住房市场调控新政能够实现“居者有其屋”吗？——一个动态一般均衡的理论分析 [J]. 经济学 (季刊)，2014 (1)：103 – 126.

[127] 朱六璋，陈宗海. 复杂系统的定性建模和定性控制综述 [J]. 信息与控制，2001，30 (3)：234 – 239.

# 后　记

历经几载春秋，本书的写作终于完成。本书在相关理论的基础上，对经济系统的运行机制进行网络化建模，通过对市场中各主体要素的互动和博弈以及政策效果进行模拟和演化，探寻经济系统的运行机制和发展规律。具体以商品房市场为例，设计了一个基于主体的商品房市场模拟模型，对市场中居民消费者、房地产商、政府和银行信贷等主体之间的博弈和互动、政策效果，以及各种宏观层面的市场信息对各类主体的反馈作用进行了模拟，并对结果进行了分析。该研究对于更好地把握经济系统的特性，解释和研究经济现实以及制定政策提供了参考。

感谢同事们的鼓励和支持，在写作过程中遇到了各种困扰，同事的鼓励和家人的殷切关怀给了我坚持下去的动力。尤其要感谢李长银博士，李博士在本书的写作过程中提供了技术上的支持和帮助，使得相关模型模拟得以优化。

感谢本书的编辑和出版社，编辑老师的认真细致工作使得本书得以最终出版。

虽然作者在写作过程中付出诸多心血，对本书的内容和观点、思想经过慎重的把握，也邀请了专家进行审核，但由于能力有限，本书还存在可以改进之处，欢迎大家提出宝贵意见，共同探讨，以求进步。